당신도
 쿠바로
떠났으면
좋겠어요

당신도
쿠바로
떠났으면
좋겠어요

Espero que tú también visites Cuba

시골여자 지음

스토리닷

목차

4

6

여행을 할 때도
일상을 살 때도

결국은
사람,

그리고
사랑.

어떤 이의
꿈

아바나 대표명소, 말레꼰Malecon 방파제.
말레꼰에서 만난 레이Ray에게 물었다.
"꿈이 뭐야?"

꿈?
내 꿈은 말이야……
사랑이 늘 넘쳐서
내 마음속에
사랑이 계속 차있는 것.

그 누가
사랑을
숨길 수 있을까요?

당신이 언제나 좋습니다.

정답이
있는 걸까요?

쿠바, 아바나.
요반나 까사
1004호에 머물었던
한국인 친구 희세가 떠나기 전
마지막 인사를 하기 위해 내가 머무는 801호로 왔다.

테라스에서 아바나 야경을 바라보며
우리는 마지막 대화를 나누었다.

희세가 아바나가 좋다고 하기에
"좋으면 머물러야지"라고 하니
희세가 웃으며 말했다.
"좋으면 떠나야지."

그의 하루

아침을 먹기 위해 내가 머물고 있는 801호를 나와
주인집인 10층 1001호로 걸어갔다.

못 보던 남자가 있었다.
키가 크고 마른 편이었으며 앞머리로 이마가 가려져있어서
얼굴이 작아보였다.

한국에서 온 이 청년은
사진 프로젝트를 진행하기 위해
한 달 동안 이곳에 머물 예정이란다.
그는 파나마에 2년 동안 살았던지라 스페인어는
어느 정도 할 수 있으며 쿠바는 두 번째 방문이라고.

넉넉지 않은 쿠바 사람들에게
사진을 찍어주는 프로젝트를 하고 있는 그와
오늘 하루를 함께하기로 했다.

올드시티 건너편에 있는 까사 블랑카에 사는 '호르게 라라'
할아버지 댁에 사진을 전해주러 가는 길.
높은 문 앞에서 책을 읽고 있는 모습이 담긴
예쁜 사진을 들고 할아버지네 집 앞에 도착했다.

환하게 맞아 주시며 집으로 들어오라고 하시는 할아버지.
천장이 아주 높고 넓은 집.
들어가는 입구에 있는 큰 책장에는 많은 책이 꽂혀 있었다.

남자가 전한 사진을 받은 할아버지는
자신의 오래된 사진들을 한 뭉치 가지고 나와
천천히 한 장씩 넘기며 우리에게 보여주었다.

사진 속 사람들을 지긋이 바라보는 할아버지의 눈에서
그리움이
솜사탕처럼 부풀어 오르는 것 같았다.

UFO

올드 아바나의 야경은 어둡고 캄캄하고 조용하다.

801호 테라스에서 시원한 바람을 느끼고 있는데
802호에 있던 남자가 인사를 건네 왔다.
그리고 뜬금없이
방금 전에 UFO를 봤다고 했다.
한 대도 아니고, 여러 대가 떼 지어 날아갔다고.
그래서 사진을 찍기 위해
기다리고 있다고 했다.

비행기가 아니었냐고,
번개가 아니었냐고,
새를 본 게 아니었냐고,
몇 번을 의심되는 목소리로 물어 봤는데도
자신이 본 건 분명 UFO가 틀림없다고 했다.

믿을 수는 없었지만
이것이 거짓이라고도 단정 지을 수 없는 일.

앞으로 그보다 더
이곳에 오래 머물 예정인 나는
하늘을 유심히 지켜보겠다고 했다.

정말 그가 본 것이 UFO였을까?
어쨌든 하늘을 유심히 바라 볼 이유가 생겼다.
뭐, 나쁘진 않다.

태양의
후예

여행을 하다 보면 '웬만하면 저기는 안 갔으면 좋겠다······' 싶은
곳이 있다. 하지만 상황이 여의치 않으면 어쩔 수 없이 갈 수밖에
없는 곳. 바로, 병원이다.

부에노스아이레스에서 치과와 내과에 갔다.
아, 이탈리아에서도 알레르기로 병원을 갈 수밖에 없었다.
그런데, 이번에는 쿠바다.

참다 참다 현지인 친구와 동행해서 찾아간 병원. 병원은 낡았지만
왠지 모를 따뜻함이 느껴진다. 의사 선생님도 친절하다. 병원비는
공짜. 약값은 조금 들었다. 정말 기분이 좋다. 공짜로 쿠바의 병원을
이용했으니 나도 이곳 사람들에게 좀 더 뭔가를 베풀어야겠다는
생각도 하게 된다. 원래 아플 때 잘해주면 다 고마운 법이니까.

사람들은 '쿠바'라고 하면 사회주의 국가의 가난을 떠올리지만
가난한 나라, 쿠바는 의료 천국이기도 하다. 정말 안 어울리는
조합이 아닌가? '가난한 나라'가 '의료 천국'이라니!
쿠바가 '의료 선진국'이라는 그 어려운 타이틀을 얻어낸 데는

의사출신 혁명가, 체게바라의 공이 크다. '한 사람의 생명은 가장
부자인 사람이 가진 전 재산보다 100만 배 더 가치 있다.'라는
신념을 가진, 체게바라가 이루어낸 쿠바의 무상의료.
이 얼마나 대단한가! 태양의 후예에 나오는 강모연이 유시진 대위
앞에서 "생명을 존엄하고 그 이상을 넘어서는 가치나 이념은 없다고
생각해요"라며 감동적인 대사를 읊을 때 내가 '체게바라'를 떠올리게
될 줄이야.

하지만 모든 쿠바인들이 무상의료를 지지하는 것만은 아니라고
한다. 쿠바의 무상의료, 무상교육은 양날의 검과 같아서 이런
혜택을 누리려면 이들의 월급이 적어지는 것은 당연한 것이니
말이다. 게다가 쿠바의 물가는 점점 올라가고 있지 않은가.
내국인용과 외국인용 두 가지 화폐를 쓰고 있는 쿠바의 물가를
월급이 따라잡지 못하자 쿠바 사람들은 국가에 등록된 직업 말고도
어쩔 수 없이 투 잡, 쓰리 잡을 갖는 경우가 허다하다. 그래서
쿠바에서는 대학교수가 퇴근 후 아르바이트로 관광객을 상대로
하는 관광 가이드나 택시 기사를 하는 것이 놀라운 일도 아니다.
직업에 대한 차별이 없고 빈부 격차를 인정하지 않기 때문에 의사나

교수, 노동자들 월급 차이가 거의 없는 쿠바. 택시기사가 의사보다 더 많은 돈을 버는 쿠바. 이 나라는 알면 알수록 참 재밌는 나라다.

쿠바 사람들은 잘 알고 있다. 자신들이 한 달 동안 열심히 일해서 버는 돈을 다른 나라에서는 하루, 아니 몇 시간만 일하면 벌 수 있다는 것을. 그래서일까? 내가 만난 수많은 쿠바 사람들은 다른 나라로 가서 돈을 벌고 싶어 했다. 실제로 쿠바의 많은 밀레니엄 세대(1980년대 초반~2000년대 초반 출생자)들은 기회의 땅이라 불리는 미국으로 떠나고 있고 또 작년 한해는 미국으로 망명한 쿠바 의사들이 천명이 넘는다고 한다. 몇 년 전 대폭적인 인상에도 불구하고 한 달에 오만 원 정도의 월급을 받고 일하는 의사들의 망명이 이해가 안 되는 것도 아니다. 오죽하면 우스갯소리로 쿠바에 남아 있는 의사는 외국으로 떠나는 비행기 표 값이 없어서 못 떠난다는 말까지 나왔을까. 쿠바의 의사들은 가난한 자신들의 조국을 떠나고 싶어하고, 가난한 그들의 조국, 쿠바는 정부 차원에서 '국경 없는 의사단'을 조직해 이념과 상관없이 세계 의료봉사 활동을 아낌없이 지원하기에 바쁘다.

이글거리는 태양만큼이나 뜨거운 나라 쿠바. 이곳에 사는 태양의 후예들, 쿠바인들이 앞으로 어떤 삶을 살지 궁금하다. 그들의 삶에 만족하며 그들의 조국에서 살아갈지, 아니면 새로운 기회의 땅으로 나아갈지. 어쨌든, 그들의 삶에 축복이 가득하길!

JAZZ BAR:
LA ZORRA Y EL CUERVO

아바나에서 꽤 유명한 재즈바
라 쏘라 이 엘 꾸에르보 LA ZORRA Y EL CUERVO (여우와 까마귀)

생각보다 작은 공간에서 여러 명의 연주자들이
파도처럼 어깨를 들썩이며 춤을 추듯 연주를 하고 있다.
온 몸으로 음악을 만들어 내는 연주자들은
서로 눈빛을 교환하며 박자를 맞춘다.
그들의 눈빛과 미소가 연주에 스며들어
이 공간을 따뜻하게 채우고 있다.

하얀 운동화를 신은 드럼 치는 남자의 손과 발은
하늘을 나는 새의 날갯짓보다 빠르고
건반을 치고 있는 남자의 손놀림은
한 여름 소나기가 땅에 내리 꽂히는 것처럼 강하고 뜨겁다.

한 곡의 연주가 끝나자
드러머는 부드럽게 일어나 베이스 치는 친구를 꼭 끌어안는다.

그리고 이어지는 다음 곡…….

거장, 빔 벤더스 감독은 쿠바, 아바나에서 다큐멘터리 음악영화
'부에나 비스타 소셜 클럽'을 촬영하기 전
이런 원칙을 세웠다고 한다.
'음악이 스스로 이야기할 수 있게 만들자.'

라 쏘라 이 엘 꾸에르보에서 음악을 듣고 있으니
거장의 생각을 어렴풋이 이해할 수 있을 것 같았다.

왜 이렇게 그들의 음악이 감동적일까 생각을 해봤더니
쿠바인들의 음악은 이야기를 하고 있었던 거다.

29

그것도 아주 숨 막히는 멋진 이야기를…….

그 사람을
기억하게 하는 무엇

그가 어떤 옷을 입고 나왔는지
그가 먼저 자리에서 일어섰는지, 내가 먼저 일어섰는지
그가 마지막으로 어떤 말을 해줬는지

아무것도 기억이 나지 않았다.

어쩌면 잊고 싶었는지도 모르겠다.
우리 헤어짐의 순간을.

세월이 흐르고 흘러도
딱하나 기억에 남는 건

그날
바람의 온도.

그와 헤어질 때의 불었던 바람이
말레꼰에서 불어오는 바람의 온도와 닮았다.

문득 그 사람이 생각났다.

그와 함께 했던 모든 추억들을 애써 지워버렸는데
헤어질 때 나를 감쌌던 싸늘한 바람이 불 때면
그때의 가슴 아린 기억이
추억의 소매 끝을 붙잡고 놓아주지 못하고 있다.

진짜
필요한 건

어쩌면 지금
나에게 가장 필요한 건
새로운 세상을 마주하는 것이 아닌
익숙한 한 사람의 눈을 바라보는 것.

외롭다.

뜨거운 태양에 다 녹아버린
아이스크림이 된 것 같은 기분이다.

어떻게
떠날 수가 있겠어요?

쿠바 동쪽 끝.

스페인 사람들이 쿠바를 침략해 세운 첫 번째 도시.
달리 말하면, 쿠바에서 가장 오래된 도시.

쿠바혁명 이후에야 다른 도시와 연결되는 도로가 생겼으며
그 전까지는 배로만 이동이 가능했던 고립된 도시.
영화 '로빈슨 크루소'의 촬영지이기도 한 도시.

가는 길이 쉽지 않아
관광객이 많이 찾지 않는 소박한 곳, 바라코아Baracoa.

하지만 가보고 싶어졌다.
그 끝까지.

몇 겹의 산을 지나서야 힘들게 도착한 이곳.
1층짜리 키 작은 건물들 덕분에
하늘이 훤하다.

여섯 개의 창문이 있는
바람이 온몸을 쓰다듬어주는 숙소에 도착했다.
창밖으로 커다란 나무가 보이고
바다가 한눈에 아주 가까이 보인다.

바람에 흔들리는 나뭇잎 소리
가끔 들리는 자전거 소리
그리고 귀여운 선풍기 날개가 돌아가는 소리뿐.
하얀 침대 시트가 바람에 날리고
연한 개나리색 커튼은 조용히 춤을 춘다.

소박한 바닷가 마을에 고즈넉함이 가득하다.
이곳 까사 주인 할머니와 손님인 나의 대화만이
수줍은 첫 눈처럼 조용히 내려앉는 이 곳.

오늘 떠나려 했으나
솔로 우나 노체 마스Solo una noche mas(오늘 하루만 더)라는
할머니의 말을 차마 흘려들을 수가 없었다.

"조금만 더 내 곁에 머물러 줄 수 있겠니?"
이 말은 참 힘이 세다.

두 다리를 동여매고
한 발짝도 나아가지 못 하게 만든다.

사람을
떠난다는 것.
그것보다 어려운 게 또 있을까?

운명을 바꾸어 놓을 만큼
강력한

아르헨티나에서 의과 대학을 다니던 평범한 청년.
여행을 좋아하던 이 청년은
오토바이를 타고 떠난 중남미 여행을 한 후
의사가 아닌 혁명가의 길을 선택한다.

그의 인생을 송두리째 바꾸어 놓은 것은
여행 중 목격한 식민지 민중들의 피폐한 삶.

25세에 의학박사 학위를 받았지만
의사로서의 안정된 삶을 뒤로하고
그는 쿠바 혁명을 성공으로 이끌었다.
그리고 또 다른 혁명을 위해 떠난
볼리비아에서 그가 사망한 나이는 39세.

'쿠바 혁명의 아버지'라는 별명과 더불어
'20세기의 가장 완벽한 인간'이라는 별명을 가진 그는
자신이 쓰고 있던 검은 베레모 속의 붉은 별처럼
쿠바인들에게, 그리고 전 세계 청춘들에게 별이 되었다.

여행 중 만났던 가난한 민중의 삶이
그를 혁명가로 변화시켰듯이
나의 삶을 바꾸어줄 강력한 그 무엇을 만나고 싶다.

체게바라가 가진 피 끓는 뜨거움까지는 아니더라도
나의 피를 덥게 해줄 그 무언가를 찾고 싶다.

내 운명의 지침을 바꿔줄 거대한 무언가가
아직, 그 어딘가에 숨겨져 있다면 빨리 그것을 만나고 싶다.

내가 그것을 이미 찾았다면
망설이는 대신, 확신을 갖고 밀어 붙일 수 있는 용기를 갖고 싶다.

전설이 된 그의 삶보다
그의 불꽃같은 열정이 부럽다.

무언가에 미칠 수 있는 열정이.

말레꼰에서
레이와 나

"언제부터인가 나는
사람을 믿을 수 없는 사람이 되어버렸어.
나도 모르게 어느새."

내 말을 조용히 듣고 있던 레이가 말했다.
"믿을 필요 없어. 그냥 느끼는 대로
생각하는 대로 살아. 제발 지금을 살아.
일어나지도 않은 일에 대한 걱정으로
지금의 시간을 낭비하지 마."

나는 아무런 대꾸도 하지 않았다.
이렇게 혼잣말만 중얼거릴 뿐.
"그런데…… 나는 이미
단순하게 세상을 살아가는 방법을
잊어버린 것 같아."

우리는 그날 이후
다시는 만나지 않았다.

엄마와 한 달 동안 여행을 다니는
한 청년이 말했다.

여자는 정말 어렵다고.

기간 期間

기간 期間

[명사] 어느 일정한 시기부터 다른 어느 일정한 시기까지의 사이.

'우정'은 어느 정도의 기간을 필요로 하지만
'사랑'은 기간이 필요가 없다.

지금. 이순간. 찰라.

우정이 아닌
사랑과 어울리는 단어들이다.

성급한 우정은 없지만 성급한 사랑은 있다.

그래서 가끔 사랑은 체한다.

44

앙꼰 해변
Playa Ancon

눈앞에 또 하나의 멋진 세상이 펼쳐진다.
핑크, 주황…… 붉은 빛이 앙꼰의 하늘을 물들인다.

아름다운 앙꼰 해변에 앉아 조용히
카리브해를 바라본다.

에메랄드 빛 카리브해가
세상의 모든 것을 품어줄 것만 같아서
내 슬픔 하나를 파도 깊숙이
슬쩍 밀어 놓고 길을 떠난다.

오래된 것이
좋아

"이곳은 세상에서 가장 아름다운 지상 낙원이다."
콜럼버스가 1492년 '이곳'을 발견 하고는 이런 극찬했다고 한다.
하지만 그 후 이 아름다운 지상낙원은 오랫동안 스페인의 식민지로,
그리고 그 후에는 사실상 미국의 반식민지로 상태로 전락하고
말았다.
이곳은 바로, 쿠바다.

세상에서 가장 아름다운 지상 낙원이라는 찬사까지는 아니더라도
수많은 사람들이 쿠바에 열광하는 이유는 뭘까? 바로, 옛스러움
때문이리라. 쿠바가 이런 옛스러움을 간직할 수 밖에 없었던 이유의
중심에는 미국이 있다. 쿠바가 스페인으로부터 독립하는데 도움을
준 미국은 그 후 쿠바의 정치, 경제에 대해서 끊임없이 간섭하기
시작했다. 그러자 우리가 잘 알고 있는 쿠바 혁명의 아이콘,
체게바라와 변호사 출신, 피델 카스트로는 게릴라군을 조직해
미국을 등에 업은 정부에 맞섰다. 그 결과 1959년 1월 혁명으로
쿠바는 새로운 정권이 탄생했다. 그 후 총리가 된 피델 카스트로는
사회주의 노선을 선택했고, 그는 뿌리 깊은 반미주의자로 총리가
되자 미국의 재산들을 모두 국가 소유로 돌려버렸다. 이에 미국이

뽈이 나는 것은 당연지사. 화가 난 미국은 쿠바와의 모든 무역을
금지하는 경제 봉쇄로 쿠바에 맞섰다.

쿠바가 옛 모습을 간직한 것은 이 때문이다. 미국의 경제 봉쇄로
개발이 멈추었으니 어쩔 수 없이 모든 것이 과거에 머물러 있을
수밖에. 그래도 최근에는 미국과 쿠바와의 관계에 훈풍이 불고 있다.
두 나라가 국교 정상화를 맺은 지 2년이 지난 올해, 오바마 미국
대통령이 쿠바를 방문한 것이다. 88년 만에 미국 대통령이 직접
쿠바를 방문했으니 이정도면 대단한 개혁의 바람이 아닌가!

어쨌든 지금까지의 사정이 이러하니 '쿠바는 거대한 자동차
박물관'이 될 수밖에 없었다. 쿠바에서 흔히 볼 수 있는 올드카들은
1950년대 생산된 것으로 혁명 이전에 미국에서 쿠바로 건너온
부자들이 타던 것들이었다. 오래된 자동차지만 쿠바 사람들은
이것들을 계속 사용할 수밖에 없었다. 어쩌겠는가! 경제는 봉쇄됐고
물자는 부족하고, 자동차는 필요하고. 그러니 오래된 자동차에
심폐소생술이라도 할 수밖에…… 쿠바인들은 집 한 채 가격과
맞먹는 이 올드카들을 닦고, 광내고, 고쳐가며 그렇게 애지중지

생명을 유지시켜야만 했다.

쿠바를 찾는 미국인들은 올드카를 보며 향수에 젖는다고 한다. 쿠바로 여행온 나이 지긋한 미국인들이 꼭 올드카 투어를 하는 것도 옛 시절에 대한 그리움 때문이리라. 페인트칠이 벗겨진 낡은 건물들을 배경으로 올드카들이 매연을 뿜으며 달린다. 목이 메고 기침도 가끔 나지만 괜찮다. 이곳은 쿠바니까, 쿠바니까 이해가 된다.

쿠바에 가면 올드카를 타 봐야지라고 생각했다. 한국에서는 차를 10년만 타도 오래 탔다고들 하는데, 1900년대 중반에 만들어진 60살도 넘은 오래된 차가 과연 달릴 수나 있을까 생각했는데 웬걸! 관광객을 태우는 올드카는 새색시 한복처럼 고운 색깔 페인트칠 옷을 입고 우리를 맞는다. 올드카 투어는 아바나의 심장부에 위치한 쿠바의 옛 국회의사당, 카피톨리오 앞쪽에서 출발해서 혁명광장도 지나고 말레꼰도 지난다. 유명한 곳이 보이면 잠시 세워주는 올드카 운전사 아저씨의 세심한 배려가 감사하다. 유네스코 지정 세계문화유산답게 수많은 유적이 그대로 보존돼 있는 아바나의 구舊 시가지인 '올드 아바나'를 차를 타고 구경하는 건 마치 타임머신을 타고 과거로 이동하는 착각에 빠지게 해준다. 오래된 것이 주는 편안함에 마음이 노곤해진다.

쿠바 노동자의 평균 월급은 20~30CUC, 우리 돈으로 약 2만 3천~3만 4천 원 정도다. 그렇다면 아바나 시내를 달리는 올드카 투어의 가격은? 흥정하기 나름이지만 우리 돈으로 3만 원 정도 된다. 관광객들은 흔쾌히 이용 할 수 있는 가격이지만 쿠바 현지

사람들은 엄두조차 내지 못하는 어마어마한 가격이다. 한 달 월급을
다 털어가며 올드카 투어를 할 쿠바인들은 거의 없으리라! 어쨌든
쿠바 사람들이 한 달 내내 일해서 버는 돈을 올드카를 운전하는
기사님들은 단 몇 시간에 버는 거다. 쿠바에서는 택시기사가 최고의
직업이라더니…… 아~ 하는 감탄사가 뒤늦게 새어나온다. 잠시 후
올드카 투어가 끝나지 않았으면 좋겠다는 생각을 한다. 내 인생에서
이런 호사는 처음이자 마지막이겠지 싶어 이 시간이 멈추었으면
하는 바람을 가져본다. 설마 이것이 꿈은 아니겠지…….

예스러운 도시를 화사하게 새 옷으로 갈아입은 올드카가 달린다.

빛은 바랬지만 초라하지 않은 건물들이 있는 이 도시를,
가난한 사람들은 많지만 노숙인은 없는 이 도시를…….

누군가와 함께 여행을 할 때
침묵 속의 공기가 자연스럽게 느껴진다면
당신은 최고의 여행 메이트를 만난 것.

너를 더
알고 싶어

저녁에 그가 말했다.

한 번은 친구와 카페테리아에 앉아 있는데
쏟아지는 비가 너무 좋아서
반쪽 어깨를 처마 밖으로 빼서는 비를 맞았다고.
기분이 정말 좋았다고.

다음 날도 여느 때와 다름없이
우리는 아바나가 내려다보이는 발코니에 기대어 대화를 하고
있었다.
용기가 어디서 났을까?
나는 대뜸 그에게 말했다.
"너를 더 알고 싶어……."

죽도록 사랑한다는 진한 표현도 아니고
네가 좋아 미칠 것 같다는 뜨거운 고백도 아니지만
태어나서 처음으로 누군가의 눈을 바라보며
내가 먼저 마음을 전했다.

담담하게 그리고 담백하게 말하려고 노력했지만
부끄러움이 번져 온 몸을 꼼지락거리게까지 했다.

그의 눈빛은 담담했고 따뜻했다.

우리는 알고 있었다.
여행을 하며 만난 인연이기에
서로를 알아가기에는 시간이 턱없이 부족하다는 것을

"좋은 친구가 될 수는 있겠지?"
이 말로 대화를 마무리 지을 수밖에.

다음 날 나는 아바나 근교 도시인 만탄사로 가는 기차를 타야 했다.
그와 마지막 악수를 나눌 때 유난히 거칠게 느껴진 내 손이
왠지 까끌까끌한 내 마음 같았다.

만탄사로 가는 길은 온통 초록이었다.
군데군데 초록보다 조금 연한 연두색 풀이 보일 뿐.

싱그러움으로 가득한 초록 위로 비가 내렸다.
갑자기 처마 밖으로 한쪽 어깨를 내밀고 비를 맞았다는 그가 생각이
났다.

나는 정말 더 알고 싶은 게 많았다.
그에 대해서.

매운 음식은 잘 먹는지
평소에는 어떤 음악을 즐겨 들으며, 슬플 때 듣는 음악은 있는지
나는 지붕이 노란 집을 지어 살고 싶은데
그는 어떤 집에서 살고 싶은지
요술램프 속 지니가 소원을 들어준다면 어떤 소원을 빌고 싶은지
커피에 설탕은 몇 스푼 넣으며
삶에서 제일 중요하게 생각하는 것은 무엇인지
잠을 잘 때 오른쪽을 보고 자는지, 왼쪽을 보고 자는지
그도 나처럼 말레꼰에서 불어오는 바람이 살결에 닿을 때
행복했었는지

물어보고 싶었는데
그의 생각도 듣고 싶었는데……

다음 여행지 트리니다드에 도착했다.
트리니다드 숙소에서 제일 처음으로 본 것은
아바나에서 만났던 그의 흔적이었다.

숙소에서 마련해 둔 방명록에 그의 사진이 붙어 있었다.
한참이나 들여다보았다. 멀리서 친구가 오기로 했고,
같이 여행하기로 했다더니 그가 이곳에 머물렀나 보다.
그는 3일을 머물다 내가 도착하기 몇 시간 전
바라데로로 떠났다고 했다.
이렇게 엇갈린 게 아쉽기도 했지만
한편으로는 정말 다행이라고 생각했다.

그의 사진을 보니 또다시 그가 생각났다.
여기, 트리니다드 숙소 주인아저씨 차메로가
"인연은 찾는 게 아니야, 아주 가까이에 있어,
 자연스럽게 찾아올 거야"
라고 했을 때는 그가 했던 말이 떠올랐다.
"너는 누군가를 찾고 있는 것 같아."

갑자기 피식 웃음이 나왔다.
어쩌면 그의 말이 맞기도 한 것 같아서.

그가 가장 좋아한다고 말한 '추억'이라는 단어 속에 우리가 함께한
순간을 소중히 간직해야겠다.

이것이
가능한가요?

오늘 하루 동안 만난 쿠바 사람들.

한 아주머니가 안고 있는 강아지가 예뻐
허락을 구하고 사진을 찍었는데 잠시 후
대가로 선물을 달라고 했다.

쇼핑백을 들고 있는 여자에게
옷을 사려면 어디서 사면 좋을지 물었더니
작은 옷가게로 안내해준 후 자기 아기를 위해 우유를 사달라고
했으며

말레꼰 방파제에서 만난 소녀들과 한참 얘기를 나누고
헤어지려는데
그들은 자꾸 배가 고프다며 나를 졸랐고

요리 재료를 사기 위해 슈퍼마켓에 갔더니
만삭인 아주머니가 배를 만지며 뱃속의 아기를 위해 치킨을
사달라고 했다.

이메일 계정을 만들어야 하는데
3쿡이 든다며 나에게 간곡히 부탁하는 여자아이도 있었다.

쿠바에서
생각

긴 시간을
길 위에서 보내고 있는 나는
다양한 사람들도 많이 만나고
생각지도 못한 다양한 일들을 마주하게 된다.

그럴 때마다 나는
평소에는 잘 깨닫지 못했던
내 내면의 부끄러운 민낯을 만나게 된다.

부족하고 모자란 나
너그럽지 못한 나
조급한 나
감정기복이 심한 나
게으른 나

부족한 내 자신을
정면으로 마주하는 일은 늘 괴롭다.

때로는 나를 채근하기도 하고
때로는 반성도 하고
때로는 나를 위로하기도 하며
좀 더 좋은 사람이 돼야지라며 다짐한다.

손톱에 있는 하얀 초승달 크기만큼이라도
예전보다 좀 더 나은 내가 되기를 바라본다.

1년 전 보다는 올해가
어제보다는 오늘이
더 괜찮은 사람이고 싶다.

그런데 예나 지금이나 이것은 참 어려운 일인가 보다.
20여 년 동안 쿠바에서 말년을 보낸,
쿠바를 사랑한 헤밍웨이도
이런 명언을 남겼으니 말이다.

"타인보다 우수하다고 해서
 고귀한 것은 아니다.
 과거의 자신보다
 우수한 것이야 말로
 진정으로 고귀한 것이다."

나는,
나비

아바나 대학교에서 스페인어를 가르치는
여자 교수님을 만나 이야기를 나눌 기회가 있었다.

그녀가 나에게 거듭 강조 또 강조 했던 말은
쿠바노 즉 쿠바남자를 조심하라는 거였다.

모든 쿠바남자들이 나쁜 건 아니지 않느냐는 내 물음에 그녀는
외국 학생들에게 스페인어를 25년간 가르치며 보고 느낀 결과
쿠바남자는 120% 의심하고 조심해야 한단다.

100%도 아니고 120%라니.
대체 얼마만큼 조심하라는 건지.

그렇지 않아도
쿠바를 여행하며 정말 많이도 들었다.
여행자들을 돈으로만 보는 쿠바 남자들이 많다고.
그래서 쿠바남자들과는 친구가 될 수 없다고.

교수님의 말이 아니더라도
안타깝게도 나는 어느새 사람을 잘 믿지 못하게 돼버렸다.

20대 때의 나는 그랬다.
사람을 믿지 않으려 애쓰며 스트레스를 받는 것보다
그 사람을 일단 믿고 상처를 받는 쪽을 택했다.

그런데 30대가 된 나는 많이도 변했다.
이제는 누군가를 믿는 것이 힘들어졌다.

무엇이 나를 이렇게 변하게 만들었을까?
세상이, 세상 사람들이?

어쩌면 상처 받기 싫어하는 내가
번데기로만 머물기를 바라며
웅크리고 있기만 했는지도 모르겠다.

나비가 되어서 세상을 날아야지
늘 비바람이 몰아치는 것만은 아닐 테니.
찬란한 태양도 보고
아름다운 무지개도 보고 싶으면
그냥 세상과 부딪혀봐야지.

아무도 믿지 못해 웅크리고 있지만 말고
그냥 날아봐야지
있는 힘을 다해서, 힘차게.

내가
여행 중
아무도 그립지 않다는 건

그들이
별 일 없이 잘 살아주어서이다.

나에게 사랑은

나에게 사랑은

전화기와
목에 걸려 있는 헤드셋과
수첩을
바닥에 내려놓고
나를 꼭 안아주는 것

복잡하지 않고 단순한
불분명하지 않고 명료한
눈치 보지 않고 선명한

이런 1차원적인 사랑이 좋다.
이런 사랑은 힘이 세다.

나도,
어른

사람이 노력해도 안 되는 일이 있구나.
아무리 발버둥 쳐도 어찌할 수 없는 일이 있구나.

실망과 좌절이 한 겹 한 겹 쌓일 때마다
상식과 이성이라는 단어가 빛을 잃을 때마다

처음엔 엄청 화를 내고 흥분했다.
'어떻게 세상이 이럴 수가 있냐'라고.

'세상은 원래 다 그래'라는 몇몇 어른들의 말에
나는 점점 사는 게 두려워지기 시작했다.

한동안 속앓이를 하다
내린 결론.

그렇다면
좀 더 담담해져야겠구나.
좀 더 유연해져야겠구나.

그래야 살 수 있겠구나.   75

더 이상 상처 받지 말아야지
그 사람은 나에게 상처를 줄 자격이 없으니
더 이상 애쓰고 마음 쓰지 말아야지
이 만큼 노력했으면 충분했으니

가슴에 묻어 두는 말들이……
가슴에 묻어 두는 일들이……
하나, 둘 쌓여 갈수록

나도
이렇게
어른이 되어 간다.

여행지에서,
이별

며칠 동안 함께 여행했던 은주가 떠났다.

떠나기 전 마지막 식사를 하기 위해
나는 냄비에 물을 넣고 은주가 가져온 햇반을 넣어 팔팔 끓였다.

냉장고에서 탁구공만한 양파를 세 개 꺼내어 껍질을 벗겼다.
도마가 없어서 꽃무늬 접시에 올려놓고 어슷어슷 잘게 썰었다.
냉동실에 넣어두었던 버터를 꺼내어
낡은 프라이팬에 조금 잘라 넣고 양파를 볶았다.
달달한 중국 간장 소스를 조금 넣는 것도 잊지 않았다.
하루 동안 방을 같이 썼던 예솔이라는 친구가 주고 간
소중한 고추장을 꺼내어 우리는 간단한 비빔밥으로
마지막 식사를 하며 서로의 행운을 빌었다.

은주가 떠난 오늘밤
분명 나는
불을 끄지 못하고 잠이 들 것이다.

여행은 느리게 할수록 깊어진다.

쿠바로 여행을 떠난다고 하니
나의 Best friend, 이라씨Irasith가 말했다.

"Traveling is the best food for the SOUL."

같은 쿠바,
다른 느낌

어떤 사람은 '쿠바'하면
럼, 시가, 올드카, 야구를 떠올린다.

내가 '쿠바'하면 떠오르는 것은
1달러로 다섯 개나 살 수 있는 럭비공만한 크기의 망고와
주황색 꽃이 주렁주렁 달려있는 커다란 프란포얀 나무와
말레꼰에서 불어오는 시원한 바람.

숙소에서 만난 친구에게 물었다.
쿠바하면 떠오르는 게 뭐야?

집 앞에서 시간을 보내는 사람들이 많기 때문에, '집 앞'
모든 것이 뜨거우니까, '뜨거움'
그리고 마지막으로 그는
쿠바가 '흑백필름' 같다고 했다.

처음 쿠바에 도착했을 때는
사진을 현상하기 전 찍어놓은 흑백필름을 보는 것처럼

이 나라가 밋밋하기만 해서 별 감흥이 없었다고
그런데, 쿠바는 지내면 지낼수록 흑백필름을 현상한 사진을 보듯
여러 색깔의 다양한 매력을 느낄 수 있는 곳이라고
그래서 쿠바는 '흑백필름' 같다고 했다.

연예인들의 '같은 옷 다른 느낌' 사진을 보는 기분이다.
입는 사람에 따라 똑같은 옷이 다른 느낌으로 다가오듯
같은 나라, 같은 도시가 여행하는 사람에 따라 전혀 다르게
다가온다.

"여행 책이 왜 이렇게 많아?"라고 하는 사람들에게
이 말이 답을 대신해 줄 수 있지 않을까?

"같은 나라, 다른 느낌."

보통의 하루

쿠바에 도착한지 며칠 지나지 않아 숙소를 떠나던 여행객이 나에게
명함 하나를 건넸다. 작은 빵집인데 쿠키가 맛있다며 꼭 한번
가보라고……. 쿠바에 머문 지 거의 한 달쯤 됐을 때 우연히 가방
속에서 찾아낸 명함. 까끌까끌한 종이 재질에 고양이가 그려져 있는
예쁜 명함이었다.

멕시코를 강타했던 태풍이 지나가는 중이라 쿠바, 아바나는 며칠째
비가 내리고 있지만 쿠키집 명함을 청바지 앞쪽 주머니에 넣고
숙소를 나섰다.

정연님에게 받은 보라색 땡땡이 무늬 우비와 내가 좋아하는 카메라
렌즈도 챙기고 또 혹시나 언제 나타날지 모르는 강력한 태양에
맞서기 위해 광저우에서 구입한 검정모자도 챙겼다. 그리고 테이블
위에 나란히 놓인 두 개의 지갑도 가방에 넣었다. 쿠바는 세우세, 쿡
등으로 불리는 외국인용 페소 CUC와 세우페, 혹은 쿱으로 불리는
내국인용 페소 CUP 둘 다 사용하기 때문에 편의상 나는 각각의
지갑에 종류별로 돈을 넣어 다닌다.

일단 자주 가는 작은 테이크아웃 일본음식점으로 향했다.
노리꼬라는 일본인 친구가 휴가를 간 친구를 대신해 잠시 맡고
있는데 이곳의 망고쥬스가 너무 맛있어서 늘 오가며 사먹곤 한다.
망고쥬스를 시켜서 한 잔 마시고는 한 잔을 더 주문해서 작은
연두색 보온물병에 넣었다. "혹시 설탕도 넣었어?"라고 물으니
역시나 그렇다고 했다. 역시나! 쿠바는 설탕이 많이 나는 나라여서
그런지 사람들은 설탕을 과하게 애정한다.

예쁜 명함을 손에 들고 쿠키집을 찾기 위해 SOL 12번지를 향해
걸었다. 쿠바에는 A.B.C.D 이렇게 단순한 알파벳을 붙인 길도
있지만 HABANA, CUBA, SOL 등 의미를 담고 있는 길 이름도
많다. 오늘 내가 가는 곳은 태양이라는 뜻을 가진 SOL 길. 골목에
막 들어 서는데 어디선가 들려오는 경쾌한 목소리, "올라!" 나도
반갑게 "올라!"라고 답해줬더니 남자 아이가 나를 따라오고 있었다.
쿠바에 온 지 며칠이 되었는지, 이름이 뭔지 묻더니 쿠바노들이
외국인들에게 하는 공식질문이 이어졌다. "애인이 필요하지 않아?",
"오늘 밤엔 뭘 할 거야?" 조용히 웃다가 나이가 궁금해서 물었다.
"몇 살이야?"
"열여섯 살. 넌?"
"난 서른두 살"

남자 아이는 벌어진 입을 다물지 못했다. 16살 차는 심했나 싶었나
보다. 그러더니 갑자기 자신의 나이를 올리기 시작했다.
"열일곱, 열여덟, 열아홉, 스물……"
"나는 가야 할 곳이 있어. 혼자 걷고 싶어"라고 두어 번 말했더니
졸졸 따라오던 남자 아이는 악수를 청하고 뒤돌아 뛰기 시작했다.

쿠바에서는 남자들로부터 "예쁘다", "너를 사랑해", "오늘밤 데이트
할래?", "애인 필요해?", "두 시간만 내 애인이 되어줘"라는 말을
얼마나 자주 듣는지 모른다.
한국에서 우리가 흔히 "밥 먹었어?"하는 말만큼 자주. 마지막
데이트가 '윈도우 업데이트'라며 오랜 솔로 생활을 하소연 하던
친구가 생각나 잠시 웃었다. 쿠바 남자들이 이런 얘길 자주 한다
했더니 쿠바에 꼭 한번 와보고 싶어 했는데 말이다.

아주 작은 카페.
뭔가 주문을 할 때도 속삭이며 해야 할 것 같은 공간이었다.
0.25CUC 하는 쿠키를 4개 사고 또 게스트 하우스 주인 아주머니의
손자인 '아마우리'에게 줄 동물모양 쿠키와 하트모양 쿠키도 샀다.
'아마우리'에게 '누나'라는 단어를 한번 알려줬더니 내 이름이
'누나'인줄 알고 늘 나에게 이름 대신 '누나'라고 부른다. 가끔 나와
같은 시간에 아침을 먹을 때면 '아마우리'는 내가 알아듣지 못하는
말을 끊임없이 재잘거리는데 할머니가 식탁에서는 말을 많이
하는 것은 좋지 않다고 주의를 주면 "누나? 식탁에서 말하는 거
싫어?"라며 토끼눈을 하고는 묻는다. 서울에 있는 조카가 생각나
엄마 미소를 하게 된다.

식사를 끝내고 내가 머무는 801호로 내려가기 전 '아마우리'에게
아스타 루에고 미 비다 Hasta luego mi vida (나중에 봐 나의 삶)이라고
인사를 하면, '아마우리'는 아스타 루에고 미 아모르 Hasta luego mi
amor (나중에 봐 내사랑)이라고 하는데 정말이지 엄청나게 사랑스럽다.
나의 삶, 내 사랑과 같은 말은 쿠바노들의 아주 일상적인 말이다.

식사를 마치고 쇼핑백에 예쁘게 담긴 쿠키를 들고 집을 나섰다.
배를 타고 비르헨 데 레글라Virgen de Regla라는 마을에 가보려고
했는데 항구에 도착하자마자 곧 비가 내릴 것 같아 다시 카페로
돌아와 카푸치노를 주문했다. 오늘은 맛있는 쿠키를 먹어야 하기
때문에 커피에 넣고 싶은 설탕은 참기로.

작은 테이블이 두 개가 붙어있었고 왼쪽 벽 쪽에 'ㄱ'자 모양의
의자가 놓여있었다. 테이블의 오른편에 앉았다. 의자 높이와 테이블
높이가 같아서 조금 불편하긴 했지만 이 정도야 뭐, 괜찮았다.
이곳은 쿠바니까. 까치발을 하고 의자에 앉아 무릎 위에 다이어리를
펴놓고 이 순간을 기록하고 있다.

카페공기는 기분 좋을 만큼 시원하다.

남자 직원은 나와 똑같은 아이폰을 계속 만지작거리고 있고,
여자 직원은 바깥 풍경을 구경하며 앉아있다.
그리고 3주 동안 쿠바로 휴가를 왔다는 오스트리아 남자는 책을
읽고 있다. 우리 모두는 서로를 의식하지 않고 각자의 시간을
충실히 보내고 있다.

이제 나가서 조금 걷고 싶은데
곧 엄청나게 굵은 비가 쏟아질 것 같다. 고민이다.

쿠바는 오후 2시의 태양만큼이나
뜨거운 나라.

내 마음이
들리니?

쿠바에 있는 '산타 클라라'라는 도시를 아나요?
이름이 '산타 클로스'와 비슷해서인지
이 도시에 머무는 동안 성탄을 기다리는 아이처럼 기분이 좋았어요.
'산타 클라라', 이름이 참 예쁜 도시지요?

이 도시에서 후회 없을 만큼 머문 나는
카리브해 연안에 있는 항구도시, '산티아고 데 쿠바'로 향하는
길이에요.
야간 버스를 타고요.

불빛 한 점 안 보이는 깜깜한 창밖을 보고 있으니
옛날 생각이 났어요.
그리 오래 전 일은 아닌데
한때 내 마음도 암전된 채 어둡기만 했던 적이 있었어요.
나의 미래뿐만 아니라 나와 관련된 모든 것들이
한 점의 빛도 보이지 않고 깜깜하게만 느껴졌던 때였죠.

잠들기 전까지 울다

눈을 뜨자마자 다시 눈물을 쏟아내던 그때는 이런 생각도 했어요.
'연기처럼 조용히 흔적 없이 사라지고 싶다'라고요.
그때는 너무나도 힘들었던 시기였던 것 같아요.

그래서 그 당시, 여행을 하며 생각을 정말 많이 했어요.
내가 왜 이렇게까지 힘들까?
이유가 대체 무엇일까?

다행히, 답을 찾기 까지는 오래 걸리지 않았어요.

원인은 나에게 있었어요.
진짜 나의 모습은 꽁꽁 숨긴 채
다른 사람들에게 좋은 모습만을 보여주고 싶었던 거였어요.
'남들에게 보이는 나'의 모습에 온 신경을 쓰고 있었던 거지요.

근사한 나, 멋진 나, 씩씩한 나, 당당한 나. 무엇이든 다 잘하는 나.
이렇게 좋은 것들로만 포장한 나 자신을 사람들에게 보여주고
싶었어요.

그런데 어느 날
서툴고 모자라고 빈틈 많고 감정 기복 심한 또 다른 '나'가
이렇게 얘기 하는 것 같았어요.
멋진 척, 완벽한 척 하려니 힘들지 않냐고요.

시도 때도 없이 우울해하고, 소심하고, 두려움 많은 또 다른 '나'가
이렇게 위로해 주는 것 같았어요.
숨기지 말고 감추지 말고 진짜 네 모습도 보여주며 편하게 살라고요.

어설퍼 보이면 어때요?
엉성해 보이면 어때요?
나약해 보이면 어때요?

인생은 짧다는데
다른 사람들에게 어떻게 보일지 신경 쓰지 말고
나 편한대로 그냥 그렇게 사는 거죠.
나답게 그냥 그렇게 말이에요.

나는
적어도
'사람을 좋아하는 일'에 있어서는
'사랑'이 가장 먼저이고 싶다.

인연因緣

삐걱거리는 사랑을 힘겹게 이어가느니
이별의 후련함을 선택하고 싶을 때
갈등하는 내 마음에 이 말을 들려준다.
'우리는 인연이 아니다.'

이별을 통보한 후
미련인지, 남아있는 사랑인지 마음이 혼란스러울 때
이 말을 되뇌며 마음을 다잡는다.
'우리는 인연이 아니다.'

행복했던 추억들이 잊히지 않아
다시 그에게 달려가고 싶을 때
이 말을 되짚으며 마음이 차가워지기를 기다린다.
'우리는 인연이 아니다.'

이별을 앞에 두고 이보다 비겁할 수 없는 말
'우리는 인연이 아니다.'
사랑했던 사람에게 던지는 가장 무책임한 말

'우리는 인연이 아니다.'

이렇게 말해야만 살 수 있을 것 같다.
이렇게 생각해야만 숨을 쉴 수 있을 것 같다.

우리의 만남이
어찌 인연이 아니냐고 묻는 다면

그렇다면 우리의 인연은 거기까지였다고.
딱 거기까지.

쿠바의 수도, 아바나에서 한 달째 머물며 느린 여행을 하고 있는
나는, 이곳에서 꽤 애썼던 일이 있다. 한국 마트에 가면 한 무더기로
쌓여져 있는 '이것'을 쉽게 구할 수 있을 줄 알았는데, 쿠바에서는
쉽게 구할 수가 없었다. 내가 20일 동안 구하기 위해서 꽤 노력을
했던 것은 다름 아닌 계란 한판! 병아리를 사서 닭으로 키워 알을
낳게 하는 것이 더 쉽겠다는 생각이 들었을 무렵 어렵게 계란
한판을 구했다. 이곳에서는 아주 사소한 것이라도 구하기가 힘든
것이 많다. 그럴 때는 기다려야 한다.
이별을 고했던 남자친구가 돌아오기를 바라는 마음처럼 간절히
기다리면 안 된다. 그럼 지친다. '새털같이 많은 날 언젠가는
되겠지'라는 마음으로 최대한 느긋하게. 그러면 언젠가는 구해진다.

요즘 나는 습관처럼 일어나자마자 커다란 망고를 하나씩 먹고,
해질녘에는 초콜릿 박물관에 가서 아이스 초코라떼를 한잔씩
마신다. 그리고 낮에는 골목길을 걸어 다니며 시간을 보낸다.
조선 후기 지리학자 김정호 선생님이 이렇게 돌아다니는 내 모습을
보셨더라면 스카웃 제의를 하시지 않았을까? 쿠바에서 마치
대동여지도라도 만들 기세로 쿠바의 수도 아바나 구석구석을 훑고

다니고 있다. 쿠바에는 와이파이존이 거의 없기 때문에 휴대폰으로 구글맵을 본다는 것은 상상조차 할 수 없는 일.
마치 보물섬 지도인양 종이지도가 구겨질까 고이고이 모셔가며 이곳저곳을 헤집다 보면 어느 순간 긴장하지 않고 자연스레 골목골목을 산책할 수 있다. 지도 없이 걷는 쿠바의 골목길은 더 많은 이야기를 품고 있다.

쿠바에 온 이후 세 번째다. 이렇게 비가 내리고 천둥번개가 치는 것이. 나는 머물고 있는 올드 아바나 아파트 801호에서는 닭 우는 소리가 잘 들린다. 그런데 오늘은 비가 와서 그런지 닭 우는 소리도 들리지 않는다. 속소 앞 건너편 집주인은 옥상에 비둘기를 키우고 있는데 오늘은 비가 와서인지 비둘기들도 말이 없다. 창문에 부딪히는 다다닥 거리는 빗소리가 어릴 적 비닐하우스 안에서 들었던 소리 같다는 생각이 든다. 그나저나 40분 후에 일본인 친구, 미호를 만나러 가야 하는데 우산이 없다. 빗방울 소리는 점점 더 진해지고 있는데 큰일이다.

쿠바,
아바나

오래된 자동차의 엔진소리가 요란하고
낡은 건물들이 조용히 숨 쉬고 있는 이곳은
올드 하바나La Habana Vieja.

108

달콤한
그녀의 도시

"치나?(중국인?), 합보네사?(일본인?)"
쿠바에서 백번도 넘게 들었던 것 같다.
한 열 번쯤 들었을 때 나만의 노하우가 생겼다.
대답하는 대신, 그냥 가볍게 웃으면 그만.
그래도 가끔 정말 기분이 좋을 때는
"코레아나"라고 답하기도 한다.

도시 전체가 유네스코 세계문화 유산으로 지정된 쿠바의 도시,
트리니나드.
이 도시의 알록달록한 파스텔 톤 집들과 올드카 들을 보고 있노라면
마치 내가 중세 도시에 와 있는 듯한 착각이 든다. 그런데 그때
누군가가 나를 부르는 소리가 들린다. 타임머신이라도 타고 정말
내가 과거로 온 것일까?
눈이 부실만큼 새하얀 백발의 할머니가 창틀 난간에 다소곳이,
예쁘게 앉은 채로 나에게 말을 건네는 것이 아닌가. 목소리에 힘은
없어 보이지만 어떻게든 목소리를 만들어내 힘주어 또박또박 말
하시려는 할머니를 그냥 지나치지 못한다.

할머니는 나를 보고 웃으며 "어디서 왔느냐", "학생이냐", "이름이
무엇이냐"라는 질문을 하신다. 단순한 물음인데도 진심이 묻어나는
목소리. 어느새 나도 발걸음을 멈추고는 철장을 사이에 둔 채
할머니와 대화를 하고 있다.

"한국에서 왔어요."라고 답했더니 할머니 표정이 환하게 밝아진다.
이야기를 나누다 보니 할머니의 왼쪽 손목이 통통 부어 있는 것이
보인다. 걱정이 돼서 물으니 다쳤다고 하신다.

한국에 계신 우리 할머니와 나이까지 똑같은, 아프신 할머니를
만나니 마음이 시큰하다. 하얀 민소매 티셔츠를 입고 하얀 귀걸이를
한 할머니가 말을 할 때마다 얼굴에 자욱한 세월의 흔적이 보여서
마음이 아프다.

"혹시 약이 있어?"

"지금 가진 약이 없어요. 죄송해요."

"그럼, 혹시 필요 없는 옷이 있어?"

꼭 필요한 옷만 챙겨 다니는 배낭 여행자이기에 여유분의 옷이 없어
죄송한 맘이다. 설령 입지 않는 옷이 있다 한들 91세 할머니에게
어울릴만한 옷이 있을까?

할머니는 처음 보는 나에게 사는 게 힘들다고 하신다.

사는 게 정말 어렵고 어렵다고. 하루하루 살아가는 것조차 힘들다고.
해 줄 수 있는 게 없어 마음이 무겁다. 그저 할머니의 말동무가
되어 이야기를 들어주며 또 나의 이야기를 하며 한참을 서서 대화를
이어가는데 자꾸 할머니의 퉁퉁 부은 손에 눈길이 머문다. 손목에
바를 약도, 드릴 옷도 없기에 나는 100모네다. 약 4달러의 돈을
할머니에게 건넨다. 많지는 않지만 간식 사드시라고.
나도 할머니가 있는데 한국에 있는 우리 할머니가 생각난다고.
손녀가 할머니께 용돈을 드리는 거라고 생각하시라고. 할머니의
귀에 달린 하얀 귀걸이가 나비처럼 팔랑팔랑 거릴 정도로 할머니는
크게 웃으며 행복해 하신다. 그리고는 나의 볼에, 이마에 키스를
하고는 이 돈으로 치킨을 사서 스프를 만들어 먹겠다며 고맙다는
말만 몇 번을 하신다.

112

내 또래들, 2,30대 한국 친구들을 만나면 '힘들다'는 말을 참 많이도
한다. 물론 나 역시. 이것저것 힘든 것 투성이다. 한 시간을 앉아
얘기해도 모자랄 정도로.
그런데 참 이상하다. 젊은 친구들과 '힘들다'라는 이야기를
나눌 때는 몰랐는데 한 세대를 살아온 사람에게 "살기가 너무
힘들다"라는 이야기를 들으니 마음이 무겁다. 어찌할 수 없는
막막함이 마음을 누른다.
100년을 가까이 살아온 분에게 "파이팅"을 외칠 수도 없고,
"걱정 말아요, 다 잘 될 거예요"라고 말하기엔 너무 무책임해 보이고
"살다 보면 좋은 날이 올 거예요"라는 말은 그야말로 말도 되지
않는 이야기고 청춘들에게 힘들다는 이야기를 듣는 것과는 또 다른
기분이다.
참 슬픈 일이다. 나이 많은 사람을 위로해야 한다는 건.

밤마다 도시 곳곳에서 거리 공연이 펼쳐져 여행자의 마음을 설레게
하는 음악과 살사의 도시. 트리니나드. 18세기 말부터 19세기
말까지 세계 설탕 생산의 중심지였으며 50여 개가 넘는 설탕 정제
공장이 있었던 달콤한 도시, 트리니나드.
달콤했던 이 도시에 사는 할머니의 무거운 삶 이야기에 마음이 좋지
않다.
부디 할머니의 젊은 날은 지금보다 더 달콤했기를…….
내가 아무것도 해 줄 수 있는 게 없어서 마음이 스산하다.

고마워요

향기 나는 종이 장미를 내게 건넨다.
쿠바 남자다. 그것도 처음 보는.
크지도 않은 눈을 동그랗게 뜨고 물었더니.

내가 그의 말을 잘못 알아들은 줄 알았다.
재차 물었더니, 역시나 같은 말
예뻐서 주는 거란다.
혹시 다른 사람이 있나
주위를 둘러 봤더니 나 밖에 없다.

설마, 여기가 천국?

시골 노인정에 할머니 간식을 가져다 드릴 때
동네 할머니들에게만 유일하게 들었던 말.
우리 엄마가 진짜 기분 좋은 때 한 번씩 해줬던 말.
"예쁘다."

그런데 쿠바에서는 하루에 밥 먹는 횟수보다
"예쁘다"라는 말을 듣는 횟수가 더 많다.
이민을 온다면 난 당연, 쿠바다.

처음에는 놀라서 도망가기 바빴지만 이제는 여유가 생겼다.
"나는 예쁘지 않아"라고 말하면
돌아오는 대답은 "예뻐!"
"나는 조금 뚱뚱해"라고 말하면
약속이나 한 듯 그들의 답은 똑같다.
"완벽해!"

어머나 세상에!

빈말인 것도 아는데
작업 멘트인 것도 아는데
모두 다 알고 있는데도 입 꼬리는 어느새 올라가있다.

이제 나도 주위 사람들에게 이런 말 좀 해줘야겠다.

그동안 너무 인색했다.
그동안 결점을 찾아내기에만 바빴다.

바람둥이(?) 쿠바 남자들에게
오늘 또 하나를 배운다.

그래,

예쁜 사람들에게는 "예쁘다"라고 해줘야지
질투하지 말고, 쿨하게.

자주 보는 친구들에게도 "예쁘다"라는 말을 자주 해줘야지
얼굴에 뾰루지가 났건, 살이 좀 쪘건, 옷을 안 어울리게 입었건
친구의 입 꼬리를 올려줘야지.

눈썹 모양을 바꾸니 예쁘다.
자세히 보니 손톱이 예쁘다.
하다못해
오늘 신은 양말색깔이 예쁘다.

참 재밌는 건,
"예쁘다"라는 말을 오물거리기만 해도
마음이 따라 웃는다.

그런 바다

영화 '노트북'에 나오는 여자 주인공, 앨리가
"나는 다음 생에 새가 되고 싶어"라고 했던 바다.

그 바다를 닮았다.

쿠바, 바라코아 근교에 있는 아주 작은 해변, 플라야 블랑카.

양팔로 날개짓을 하며
바닷가를 뛰어다니던 그녀처럼
나도 바다를 향해 뛰어 들었다.

새가 되어 날고 싶은 바다.

그런 바다.

잡생각 In Cuba

엄청 긴 머리를 싹둑 잘라야 하는데 용기가 나지 않는다.
인스타그램 계정 삭제 버튼은 그렇게 쉽게 눌렀으면서 말이다.

나는
결단력이 없는 사람일까? 결단력이 있는 사람일까?

그러고 보면
결단력이 있는 사람, 결단력이 없는 사람.
이렇게 누군가를 바둑판의 흰 돌, 검은 돌처럼
단정지어 나눌 수 없다는 생각이 든다.

쿠바에 오고 싶어 무작정 배낭을 메고 지구 반대편으로 날아온
사람이 여행지에서 저녁식사로 무엇을 먹을지는 한 시간째
망설이고 있고

마음에 드는 안경테를 못 골라서 결국은 사지 못했던 사람이
사랑하는 사람이 미래가 보이지 않는다며 색종이 접듯
단박에 마음을 접기도 한다.

직장에 시원하게 사표를 내겠다고 호언장담하던 사람이
내년 연봉협상은 어떻게 될지를 미리 걱정하며 망설이더니
그 끊기 힘든 담배는 단박에 끊어 버리는 일도 있다.

내가 결단력이 없다고 자책할 필요도 없고
내가 결단력이 있다고 흡족해할 필요도 없다.
내 주위 사람들이 결단력이 없다고 답답해 할 필요도 없고
내 주위 사람들이 결단력이 있다고 부러워할 필요도 없다.
여러 가지 상황이
여러 가지 생각이
수많은 주변 사람들이
우리의 결단에 지대한 영향을 미치므로
나는 이런 사람일 수도 있고
나는 저런 사람일 수도 있다.

상대방도 이런 사람일 수도 있고
저런 사람일 수도 있다.

그러니 섣불리 나를, 상대방을
'이런 사람일 거다'라고 단정 짓지는 말자.

계절만 매번 바뀌는 것은 아닐 터.
우리도 변하고, 바뀌고, 달라진다.

지금,
이 순간

돈에 욕심이 있는 사람보다
행복에 욕심이 있는 사람을 만나고 싶다.

좋은 차를 타고 드라이브를 하기보다
차가 다닐 수 없는
작은 골목 카페에 마주앉아
소소한 대화를 나누고 싶다.

뜨거운 커피가 식을 때까지
그 시간을 온전히
다른 사람이 아닌
우리의
이야기를
나누고 싶다.

여행의 단계

여행 초급.
비행기 아래로 내려다보이는 구름을 보며 감탄을 한다.
"우아, 와…… 캬……."

여행 중급.
비행기에서 만나는 난기류에도 익숙하다.
가끔은 학창시절 기억도 더듬어본다.
"그러니까 저 구름이 무거워지면, 그러면 비가 되는 거고……."

여행 고급.
날씨 때문에 비행기가 제 시간에 뜨지 못해도
느긋하게 기다릴 줄 안다.
하늘과 구름과 베프가 된 느낌.
뭐든 이해해 줄 마음의 자세 장착.
"뜰 때 되면 뜨겠지……."

여행을 하다 보면
계획대로 되지 않은 일도 너무도 많기 때문에

어느새 점점 느긋해진다.

그런 순간을 만날 때마다
내 마음의 불만은 한 줌씩 사라지고
내 마음의 여유는 한 뼘씩 자란다.

그래서 더 좋아진다. 여행이.
그래서 더 좋아진다. 내가

사랑한다면
피델 카스트로처럼

"이곳에서 꼭 만나고 싶은 사람이 있다"며 쿠바를 방문 중이던
오바마 대통령이 지목했던 단 한 사람.
무려 638번이나 암살 위협을 받았다는 세계에서 가장 목숨이
위태로웠던 사람.
쿠바 시가 장인이 조수들의 도움을 받아 하루 8시간씩
열흘을 만들었다는 세상에서 가장 긴 90cm 시가를 생일 선물로
받은 사람.
체게바라와 함께 쿠바 혁명을 이끌었고 그 후 최고 지도자 자리에
오른 뒤 공산주의 이념 아래 49년간 쿠바를 통치했던 사람.

이 대단한 사람은 바로, '살아있는 역사'라 불리 우는
쿠바의 전 의장, 피델 카스트로 Fidel Castro.

'생에 최고의 업적은 살아남은 거다'라고 말하는 아흔을 넘긴 불사조,
카스트로.
군복이 트레이드 마크였던 혁명가가 군복을 벗어 던졌다.
한때 타임지가 선정한 '옷 못 입는 세계 지도자'로 뽑기도 했던
카스트로.

대체 그는 무슨 옷을 입고 다니는 것일까?

쿠바 사회주의 혁명의 상징인 카스트로가
일상생활에서는 물론 공식석상에서도 애정하는 옷은
바로 아디다스 운동복.

프란치스코 교황을 만나 회담을 나누는 자리에서는
파란색 아디다스 운동복.
쿠바를 방문한 베네수엘라 대표단을 만날 때에는
남색 아디다스 운동복.
프랑스 올란도 대통령과 환담할 때는 검은색 아디다스 운동복.
블라디미르 푸틴 러시아 대통령을 만날 때는 흰색 아디다스 운동복.

외국 정상들과 만날 때 아디다스 운동복을 입는 건
결례 아니냐는 지적은 살포시 무시.
뚝심 있게 아디다스 운동복은 고집하긴 하지만
그때그때 색깔은 바꿔주는 센스.

상황이 이렇다 보니 웃지 못할 일화도 있다.

뉴욕타임즈는 카스트로의 사진을 실으며

'카스트로가 아디다스를 비공식적으로 후원하는 것 같다'라는 기사를

썼고 아디다스측은 "우리는 카스트로와 무관하다"라는 해명을

내놓기도 했다고.

쿠바 사회주의 혁명의 상징 피델 카스트로와

독일의 유명 스포츠 브랜드 아디다스.

마치 이루어질 수 없는 두 원수 집안의 사랑처럼 흥미롭다.

어쨌든, 사랑한다면 카스트로처럼!

"남들이 뭐라고 하든, 뚝심있게!"

다름을 인정하는 순간
모든 것은 아주 쉬워진다.

사랑도, 여행도.

자유롭게 춤추는 공기처럼
자유롭게 항해하는 구름처럼

언젠가는
내 마음도
너에게
닿아 있겠지.

마블링

냉면 그릇 크기만 한 플라스틱 통에
삼분의 이정도 물을 채우고
원하는 색깔의 유화물감을 떨어뜨린다.

그리고 정수리에서 머리카락 하나를 뽑아
(두개를 뽑지 않게 조심해야 한다.
괜히 억울해지니까)
물위에 동동 떠있는 물감에 살포시 갖다 대고
조심조심 길을 내가며 움직여준다.

마음에 드는 모양이 나왔다 싶으면
하얀 도화지를 물 표면에 대고 얌전히 찍으면
마블링 작품 완성!

완성된 작품을 보고 있노라면 마블링은 참 신기하다.
물위에 떠다니던 물감이 쉼 없이 움직이며
여러 가지 색깔과 문양을 만들어 내는 것이 기특하기까지 하다.

그러고 보면
사람의 마음은
마블링 작품을 닮았다.

수많은 감정들이 쉼 없이 움직이며
다양한 문양과 색깔을 만들어내니까

살면서, 내 마음을 들여다보기가 쉽지 않을 때가 있다.
아무리 고개를 디밀어 봐도 깊은 웅덩이를 보는 것처럼 깜깜한 날,
가끔은 이런 내 마음을 하얀 도화지에 한번 찍어 보고 싶다.

성난 파도처럼 분노가 넘실댈 때
우울하다고 말하기도 힘들 정도로 마음이 아득해질 때
억울하고 속상해서 불덩이를 삼킨 것처럼 마음이 화끈거릴 때
차오르는 슬픔 때문에 마음이 마른 비스킷처럼 바스러질 것 같을 때
주머니의 송곳처럼 뾰족한 불만들이
삐죽 튀어나와 마음에 생채기를 낼 때

다른 사람에 대한 질투가
고슴도치 등짝의 가시처럼 뾰족뾰족 돋아날 때
세상의 모든 고민이 내게로 찾아와
털실뭉치처럼 엉켜있는 것 같을 때

얽히고설킨 감정이 만들어 낸 내 마음을 조심조심
새하얀 도화지로 마음을 찍어서 자세히 들여다보면 어떨까?
어두운 빛깔의 분노. 슬픔. 우울. 화뿐만 아니라
밝은 빛깔의 즐거움, 기쁨, 행복까지
다양한 감정의 흐름들이 뒤엉켜 춤을 추고 있을 것이다.

불편한 감정에만 함몰돼 울고 싶을 때면
내 마음 안에 아름다운 빛깔도 있음을 기억하자.
단지 지금 어두운 빛깔만 더 선명하게 눈에 뜨일 뿐이니.

지금의 내 마음이 뾰족한 모양으로 변해
나를 불편하게 할 때면 조금만 더 기다리자.
여러 가지 마음의 색깔들은 끊임없이 움직여
내가 흡족해할만한 문양을 만들어 낼 터이니.

En el frontón de la casa está la fecha grabada:
1906. En fotografías antiguas veo que era
inicialmente una gran casa rodeada de una reja
decorativa, con altos árboles y mucha
vegetación en el jardín. Ya en mi infancia só lo
recuerdo un muro alto, ninguna planta y piso de
cemento.

EL
GABINETE
DEL
IMAGINARI
O   VIVIENDAS

그런 때가
있었지요

이별의 아픔을 몰랐던
그때로 돌아가고 싶다.

갓 나온 부푼 빵을 콕콕 눌러보듯
그 사람 얼굴의 점을 세가며 조심스레 만져보던 그때로.

풍선껌처럼 부풀어 오르던 가슴이 터질까봐
그 사람에게 심호흡을 두 번 하고 달려가던 그때로.

몇 번의 사랑과
몇 번의 이별을 겪은 나는

이제 시작하기도 전에
이별부터 걱정하는 바보가 돼 버렸다.

그래서
또
멈추었다.

멈칫하게 되는
시간

누군가가
궁금해지는 것이 두렵다.

궁금해지면
생각하게 되고

생각하게 되면
보고 싶어지고

보고 싶어지면
사랑이 시작 된다는 것을

이미 알아버렸기 때문이다.

그래서 두렵다.
누군가가
궁금해지는 것이.

오늘 하루
어땠나요?

버스 제일 뒷자리에 앉아
친구와 도란도란.

– 남자 친구 있으니까 좋아?
– 어! 퇴근길이 힘들 때
 "오늘 하루 어땠어?"
 라고 물어봐주는 거…… 그게 제일 좋아.

"오늘 하루 어땠나요?" 라고 물어 오는 사람,
"오늘 하루 어땠나요?" 라고 묻고 싶은 사람.

많은 것을 바라지 않는다.

서로의 안부가 궁금한 사람들과
사랑하고, 위로하며
그렇게
따스한 봄처럼 살아가고 싶다.

쿠바 사람들

어떤 이들은
가난하지만 흥이 넘치는
자신의 나라를 끔찍하게도 사랑하고

또 어떤 이들은
평생 일을 해도 남는 것이 아무것도 없다며
이 지긋지긋한 쿠바를 떠나고 싶다고 말한다.

함께
산책할래요?

울퉁불퉁 돌길이 많으며
깨끗하게 칠해진 집들이 반짝거려요.

자전거를 타고 다니는 사람들이 많네요.
조용히 있으면 말발굽 소리도 자주 듣게 되네요.

온몸이 땀에 젖을 만큼 태양이 강해요.
골목에서는 미풍조차 불어오지 않네요.

푹푹 찌는 더위에도 불구하고
뜨거운 커피를 다섯 번에 나눠 금방 마셔버려요.

알록달록한 담장들 사이를 걸으며 고풍스러운 창살들을 빨리 보고
싶어서요. 올록볼록한 돌길을 걸으며 문이 열린 집을 슬그머니
훔쳐보고 싶어서요.

카리브해를 끼고 있는 쿠바에서 가장 아름답다는 도시가

궁금하세요?

도시 전체가 유네스코 문화유산으로 지정된 곳, 상상이 되시나요?

가장 편한 신발을 신고 이 도시를 산책하고 싶어요.

향긋한 냄새가 나는 풍선껌을 커다랗게 불면서요.

함께 산책할래요?

쿠바에서 세 번째로 오래된 도시 트리니다드를요.

잘 알지도
못하면서

울고 있었다.
조용히 눈물을 흘리고 있었다.

"너의 삶을 잘 알지는 못하지만
조금 더 노력해야 하지 않겠니?"라고 했더니
소리 없이 눈물만 쏟아 내었다.

한참 후 그는 입을 열었다.
돈이 없기 때문에 그럴 수 없단다.

감히, 정말 감히……
제대로 알지도 못하면서
아픈 말을 해서 그를 더 크게 울려 버렸다.

섣부른 충고나 조언이
이렇게 누군가를 아프게 할 수가 있는 거구나.

충분한 이해가 없는 조언이

이렇게 누군가를 슬프게 할 수가 있구나.

얼마나 힘든 상황인지 잘 알지도 못하면서
얼마나 절실하게 노력했는지 잘 알지도 못하면서.

차라리 이 시각 부드러운 산타클라라 햇살처럼
그의 등을 따뜻하게 쓰다듬어 줄걸.

파파! 헤밍웨이

스페인으로, 케냐로, 프랑스로
열심히 돌아다니던 뜨거운 피를 가진 남자.
낚시를 좋아하던 그 남자는 친구들과 새치 낚시를 하기 위해
미국에서 요트를 타고 쿠바로 향했다.

그리고 그는 낚시를 하러 갔던 쿠바의 매력에 푹 빠져버렸다.
그 후 20여 년을 쿠바에서 살게 될지 헤밍웨이는 알았을까?
어쩌면 헤밍웨이에게 쿠바는 운명의 땅이었으리라.

헤밍웨이는 쿠바의 아침을 좋아했다고 한다.
서늘한 이른 아침이 글쓰기에 좋다는 쿠바에서 헤밍웨이는
글도 쓰고, 사랑도 하고, 낚시도 하고, 현지인들과 어울려
술도 마셨다.

헤밍웨이가 쿠바로 와서 처음 머문 곳은 암보스 문도스 호텔이다.
그는 아바나 외곽에 정착하기까지 쿠바를 방문할 때마다 암보스
문도스 호텔 511호에 머물며 글을 썼는데 이 호텔은 아바나 구 도심
오비스포Obispo 거리에서 바다 쪽으로 걷다 보면 오른쪽에 보이는
분홍색 건물이다. 헤밍웨이는 특히 이 호텔의 많은 방들 중에서도

511호를 좋아했다고 한다. 호텔 객실들의 최고층인 데다가 건물
모퉁이에 있는 방이라 두 거리의 경치를 한 번에 볼 수 있기
때문이란다. 이곳에 있는 헤밍웨이가 사용했다는 낡은 타자기를
보니 그에게 휴식을 주는 창문의 역할이 얼마나 중요했을까 싶기도
하다.

매일 아침 동이 트자마자 글을 쓰기 시작했다는 헤밍웨이. 그는
부지런한 아침을 살고 여유로운 저녁을 살았다. 열심히 일한 후
저녁이 되면 어김없이 찾는 곳은 바로 쿠바의 술집. 그곳에서
쿠바인들의 인생을, 인생 이야기들을 만나지 못했다면 헤밍웨이가
이런 대작을 쓸 수 있었을까 라는 생각도 해본다.

헤밍웨이가 자주 찾았던 술집은 '작은 플로리다'라는 뜻을 가진,
'엘 플로리디타El Floridita'다. 이 술집은 헤밍웨이가 앉은 자리에서
럼을 베이스로 만든 쿠바의 대표 칵테일, '다이키리'를 무려
13잔이나 들이켰다는 일화가 아직도 전설처럼 전해 내려온다.
애주가라는 말에 다시 한번 고개를 끄덕이게 된다.
그런데, 대문호 헤밍웨이를 추억하기 위해 들른 '엘 플로리디타'에

어쩌면 조금 놀랄 수도 있다. 이 술집에 메뉴판에 적힌 가격이
쿠바의 다른 술집에 비해 무려 두 배나 높다. 하지만 헤밍웨이를
등에 업은 이 술집은 당당하다. 물론 헤밍웨이를 추억하는
관광객들도 처음엔 의아해하다 이내 고개를 끄덕인다. 어쩔 수
없다.이곳은 헤밍웨이의 단골 술집이니까. 헤밍웨이는 이곳에
없지만 실물크기의 헤밍웨이 동상이 있는 '엘 플로리디타'는 자욱한
담배 연기만큼이나 헤밍웨이를 추억하는 사람들로 늘 가득 찬다.
쿠바를 사랑한 남자, 헤밍웨이는 올드 아바나의 호텔 생활을
청산하고 아예 쿠바에 집을 구한다. 그가 쓴 책들 수입금으로
아바나 외곽에 자리한 농장을 구입한 거다.
헤밍웨이는 이곳 저택, '핑카 비히아Finca Vigia'에서 20여 년을
머물렀는데 지금 이곳은 세계 유일의 헤밍웨이의 박물관이 되었다.
이곳에 살면서도 헤밍웨이의 낚시사랑은 쭉 이어졌다.
헤밍웨이는 좋아하는 낚시를 즐기기 위해 집 근처 어촌마을,
코히마르Cojimar를 자주 들렀는데 이곳이 바로 헤밍웨이에게
퓰리처상과 노벨문학상을 안긴 작품 '노인과 바다'의 배경이
된 곳이다. 헤밍웨이가 낚시를 사랑하지 않았다면, 한적한 이
어촌마을이 없었다면 수많은 사람들이 열광한 '노인과 바다'도
아마 이 세상에 잉태되지 못했으리라. 헤밍웨이는 카브리해를 품은
조용한 어촌 마을에서 낚시도 하고 밥도 먹고 술도 마시며 이곳의
일상을 사랑했다. '노인과 바다'의 노인 산티아고의 실제 모델인
'그레고리오 푸엔테스'도 그와 술잔을 기울이며 우정을 쌓았으니
헤밍웨이가 얼마나 소탈했는지 알만하다. '노인과 바다'의 실제
모델이 되었던 그레고리오는 104살까지 장수 했는데 숨지는 날까지
그는 유명세를 누렸다고 한다.
한적한 어촌마을의 늙은 어부가 노벨상, 퓰리처상을 받은 세계적인

문학 작품의 주인공의 모델이라니. 이곳을 찾는 그 누군들 그
노인이 궁금하지 않았겠는가.

쿠바에서 쓴 작품으로 노벨 문학상까지 받았으니 헤밍웨이에게
쿠바는 얼마나 특별한 곳일까? 노벨상을 받은 소감에서도 쿠바에
대한 그의 사랑이 드러난다.
"전 이 상을 받은 최초의 입양 쿠바인Cuban Sato이라서 매우
행복합니다."
자신을 '입양 쿠바인'이라고 말할 정도로, 쿠바국민들 보다 쿠바를
더 사랑했던 대문호 헤밍웨이. 쿠바사람들은 그를 가리켜 '파파'라고
불렀다.
'파파'라는 애칭에서 쿠바 사람들의 사랑이 느껴진다.

헤밍웨이는 쿠바를 사랑했고, 쿠바 국민들은 헤밍웨이를
사랑했지만 쿠바 혁명 후 미국인 헤밍웨이는 추방 당할 수밖에
없었다.
쿠바를 떠난다는 것이 그에게는 집 채만 한 파도를 만난 것만큼이나
엄청난 충격이었을까?
헤밍웨이는 자신이 쓴 책, '노인과 바다'에 등장하는 늙은 어부
산티아고가 했던 말을 잊었던 것일까?
"희망을 갖지 않는 것은 어리석다. 희망을 버리는 것은
죄악이다"라는…….

우리에게는 끈기와 희망의 메시지를 전해준 그가 미국 자택에서
엽총 자살로 생을 마감했다니 이 얼마나 안타까운 일인가.

헤밍웨이는 상상이나 했을까?

그가 세상을 등진 지 50년도 더 지난 지금까지 수많은 외국 관광객들이 쿠바에서 미국인 헤밍웨이의 발자취를 열심히 좇아가며 그를 그리워하고 있다는 것을.

헤밍웨이가 살았던 집, 그가 머물렀던 호텔, 술집, 밥집 등 그와 그 관계된 모든 것들이 이제는 쿠바 대표 관광지가 돼버린 것을.

미국인 헤밍웨이가 체게바라와 함께 쿠바를 대표하는 인물이 돼버렸다는 것을.

쿠바에서 헤밍웨이의 발자취가 느껴지는 곳에 갈 때면 이런 생각이 든다.

이곳에서 추방되지 않고 쿠바에서 계속 글을 쓸 수 있었다면 그의 인생의 결말은 달라졌을까?

네 번이나 결혼할 정도로 사랑에 뜨거웠고, 글쓰기와 술과 낚시를 사랑했던 20세기 대문호, 헤밍웨이.

그가 세상에서 가장 사랑했던 것은 바로 이 나라, 쿠바가 아니었을까?

미소, 너와 나의 거리를
가장 가깝게 해주는 그 무엇

164

나는
더 이상
행복이라는 것을
특별하지 않게
생각하기로 했다.

여 행

여행을 할 때면
싱그럽게 담벼락을 휘감은 꽃들뿐만 아니라
바닥에 떨어진 색 바랜 꽃잎들도
감동으로 다가온다.

그래도
우린 친구!

꼭 한번 이 거리를 걸어보고 싶었다.

쿠바에 도착하고 며칠 후, 헤밍웨이가 사랑했던 오비스포 거리로
나섰다. 제2의 고향이라 칭할 만큼 쿠바를 사랑한 헤밍웨이는
저녁이면 이 거리에 있는 '엘 플로리디타'라는 바에서 칵테일을
즐겼다고 한다. 게다가 '누구를 위하여 종을 울리나' 등 많은 작품을
쓰며 헤밍웨이가 7년 동안 머문 호텔, 암보스 문도스 호텔도 이
거리에 있단다. 그동안 궁금했다. 헤밍웨이가 반한 이 거리가.
그런데 역시나 대문호의 발자취는 나와는 어울리지 않는
것이었던가. 거리를 걸은 지 얼마 되지도 않아 사색은 커녕 뭐에
홀린 듯 저만치 앞서 걸어가는 아주머니를 내가 필사적으로
따라가고 있는 것이 아닌가.

"저기요, 레게 머리가 정말 예뻐요. 어디에 가면 이렇게 할 수
있나요?"
이럴 수가! 이건 운명이란 말인가?
그녀의 직업은 헤어스타일리스트. 그러니까 거리에서 머리를
땋아주는 일을 하고 있단다. 알록달록 구슬이 달린 그녀의 머리는
꼭 한번은 해보고 싶었던 내가 상상하던 그 레게머리였다.

"가격은 얼마예요?"

"20CUC(20usd)"

"시간은 얼마나 걸려요?"

"2시간"

"레게 머리를 하고 머리를 감아도 되나요?"

"그럼. 아무 문제없어"

"저도, 이런 머릴 해도 어울릴까요?"

"정말 예쁠 것 같은데…… 머리카락도 길잖아"

"아, 그래요? 막상 하려니까 또 떨리네요. 조금만 더 생각해볼게요.
 만약 레게 머리를 하게 되면 꼭 이곳으로 올게요. 약속~"

"그래 고마워."

"머리가 너무 예뻐서 그러는데 사진 한 장 찍어도 돼요?"

"그럼, 물론이지. 예쁘게 봐줘서 고마워."

거리를 걷는데 계속 그녀의 멋진 레게머리가 머릿속에서 떠나지
않았다. '잠깐 거리를 구경하고 그녀에게 가서 레게머리를
해야겠다'라고 생각하던 찰라 갑자기 한 아주머니가 다가오더니
사진 한 장을 내 앞으로 쓰윽 내미는 게 아닌가.

깜짝 놀라 사진을 보니 사진 속 여자가 레게머리를 하고 웃고 있다. 이 분 역시 거리에서 레게 머리를 땋아 주시는 분이란다. 사진 속 레게 머리가 얼마나 멋져 보이는지. 잘 어울리든 말든 꼭 이 머리를 해야겠다는 생각 밖에 들지 않았다.

"얼마예요?"

"15CUC"

"15CUC?"

처음 만났던 아주머니는 20CUC였는데 가격이 5CUC나 싸다. 내친김에 단호하게 말했다.

"10CUC!"

그녀의 목소리가 명쾌하다.

"OK!!!"

쿠바 오비스포 거리는 나에게 있어서는 이제 더 이상 헤밍웨이의 거리가 아니라 인생에서 처음으로 레게머리를 한 곳으로 기억될 것이다. 이 얼마나 설레는 일인가! 나는 오비스포 거리 끝자락에 있는 작은 공원 벤치에서 그녀에게 머리를 맡겼다. 난생 처음 선보는 여인네처럼 조신하게 앉아서. 25년 동안 이 일을 하고 있다는 그녀는 능숙하고도 예쁘게 내 머리를 땋아 내려갔다. 지나가는 사람들은 나를 신기하게 바라본다. 그 시선이 싫지만은 않다. 두어 시간이 지난 후 드디어 레게머리로 변신 성공. 거울에 비춰진 내 모습에 흡족해하며 10CUC를 건네자 그녀의 목소리가 단호하다.

"30CUC!! 30CUC를 줘."

"10CUC 아니었어요? 나는 10CUC라 당신에게 머리를 맡긴

거라구요."

"시간이 너무 많이 걸렸어. 30CUC는 줘야 해."

"그럼 처음부터 30CUC라고 말을 했었어야죠."

그런데 그녀는 계속 해서 같은 말만 반복했다. 시간도 많이
걸리고 힘들었으니 30CUC를 달란다. 솔직히 30CUC가 많은 돈은
아니었지만 애초에 말했던 가격과 다르다는 것에 기분이 상했다.
어쨌든 내 머리를 열심히 땋아 줬으니 계속해서 실랑이를 하기도
그렇고 해서 20CUC에 협상을 시도했고 그녀도 순순히 받아 들였다.
레게머리를 하고 나니 마치 쿠바나가 된 기분이다. 이왕 머리도
했으니 조금 더 거리에서 시간을 보내기로 맘먹고는 비에하
광장으로 가서 시원한 음료수를 한 잔 마시고 있는데 이럴수가!! 몇
시간 전 오비스포 거리에서 만난 알록달록 레게머리를 한 그녀가
나를 쳐다보고 있는 것이 아닌가. 정확하게 말하면 나의 레게머리를   171
뚫어져라 쳐다보고 있었다. 쥐 구멍이라도 있으면 숨고 싶다는 말이
무엇인지 절실하게 느끼게 된 순간이다. 몇 시간 전에 레게 머리를
하게 되면 그녀를 찾겠다고 약속까지 했는데…… 그녀는 정말 슬픈
표정으로 내 머리를, 내 얼굴을 번갈아 본다.

그녀는 정말 실망한 표정이다. 무슨 말이라도 해야 할 것 같다.

"미안해. 정말 미안해. 10CUC 라고 해서 가격이 싸서 하게 되었는데,
결국 20CUC를 내고 말았어. 다 내 잘못이야. 다음에는 꼭 친구들을
많이 데리고 올게."

그녀를 달래보려고 시작한 말인데 구구절절 변명이다. 더 이상
그녀를 똑바로 쳐다 볼 수도 없다.

그런데 그녀가 어쩔 줄 몰라 하는 내 손을 꼭 잡으며
"괜찮아, 그래도 우리는 친구야. 괜찮아"라고 하는 것이 아닌가.

심지어 그녀는 먹고 있던 과자도 함께 나눠 먹자며 봉지를
내 앞으로 내미는 것이 아닌가. '아 이게 아닌데? 그럼 더
미안해지는데……' 괜찮다고 해도 계속해서 그녀는 괜찮다며 우리는
친구라고 말한다. 그녀의 따뜻함이 한없이 고마웠다.
그녀가 건네준 과자를 먹고 있노라니 몇 년 전에 까칠하고 철없던
내가 생각이 났다. 지금 내 옆에 있는 그녀와는 아주 다른 행동을
했던 내가.

5년 전쯤 아주 친하게 지내던 친구와 다툰 적이 있다.
그때는 내가 사라지든 친구가 사라지든 둘 중 하나는 이 세상에서
없어지면 좋겠다고 생각했다. 친구를 미워하며 아파하고,
아파하면서도 그렇게 미워하던 시간 속에 살았다. 그 당시 친구는
내게 용서를 구하는 입장이었고, 나는 용서를 구하는 친구의 마음을
어떻게 받아줘야 할지 몰랐다. 아니 솔직하게 말하면 용서를 구하는
친구의 마음을 받아주고 싶지 않았다. 내 마음속에 친구를 향한
화와 분노와 실망이 너무도 커서 차라리 안 보고 사는 쪽이 훨씬
더 마음이 편할 것 같았다. 그리고 나는 그 방법을 택했다. 그런데,
아니었다. 처음 얼마간은 괜찮더니 점점 마음은 불편해졌다. 늘
가슴 한켠이 답답했다. 나의 절친을 잃은 그 이후로.

그런데 오늘, 오비스포 거리에서 머리를 땋아주는 그녀에게서 또
하나를 배웠다.
"괜찮아, 그래도 우리는 친구야. 괜찮아." 그 시절 나에게 사과를
하는 내 오랜 친구에게 이런 따뜻함을 베풀었더라면 얼마나
좋았을까? 조금 더 친구를 이해했어야 했는데, 그때는 어렸으니까

어쩔 수 없었다고 하기엔 나는 너무 철이 없었다.

요즘은 대나무의 삶을 닮고 싶다는 생각을 많이 한다.
대나무는 일정시간 동안 키가 자라면 더 이상 자라지 않고 그
다음은 단단해진단다. 게다가 대나무는 강한 바람에도 부러지는
법이 없단다. 유연하게 흔들릴 뿐.
조금 더 유연해져야겠다.
나를 좋아하는 사람이 내 곁에 오래 머물 수 있도록.
조금 더 단단해져야겠다.
내가 좋아하는 사람에게 상처를 받더라도 "괜찮아 우린
친구잖아"라고 말 할 수 있도록.

소소, 쿠바

쿠바에서는 우산이 필요하다.
비와 태양을 막기 위한 튼튼한 우산이.
치약, 휴지는 그렇게 비싸지 않지만 샴푸, 린스가 꽤 비싼 편이다.

쿠바에는 독일 브랜드인 아디다스 매장은 있지만
미국 브랜드인 나이키 매장은 없다.

쿠바남자들은 축구를 보며 돈내기를 많이 한다.
쿠바의 택시기사들은 의사들보다 돈을 더 많이 번다.

쿠바는 병원비가 공짜다.
약 값은 지불하나 아주 조금.

쿠바 사람들은 이혼을 많이 한다.
쿠바에는 100세 노인이 많다.

그리고 쿠바는 정말 맛있는 망고가 엄청 싸다.
그것도 호박만큼 커다란 망고가.

가끔은 입이 다물어 지지 않는 절경을 보는 것보다
맛있는 것을 싸게 많이 먹을 수 있는 여행이 좋다.

귀를 기울이면

성능 좋은 스피커의 볼륨을
최대한 크게 키워놓은 것 같은
아름다운 소리가
나무에서 들려온다.

쿠바, 산타클라라.
도시 한 가운데에 있는 공원.
쭈욱 뻗은 커다란 나무들 사이사이로
까맣게 보이는 새들.

행복이 별거냐?
자연 속에서 자연의 소리에
귀를 기울일 수 있는 것.
이것이 바로 행복이겠지.

조급함이 귀에 대고 조잘조잘 거린다.
마음의 여유를 가지고
지금, 여기서, 잠시 쉬어가라고.

언제나 응원!

쿠바에서 만났던
항해사 친구에게서 메일이 왔다.

바다 한가운데서 위성으로 보내 온 편지.
모든 직원들이 한 메일 계정을 쓰기 때문에
비밀번호까지 걸어서 공들여 보내준 정성어린 메일이었다.

"나는 이 일이 가끔 너무 힘들어.
게다가 좋아하는 일이 아니니 더 힘든 것 같아
너는 네가 좋아하는 일을 하니 힘들지 않지?"

여행을 하다 인연이 돼 우연히 시작하게 된 배낭여행 길잡이 일.
내가 아무리 여행을 좋아한다 해도 한 달에 무려 여섯 번을 야간
버스에서 잠을 자는 게 쉽지만은 않았다.
그런데 이 친구는 하루 이틀도 아니고
몇 달 동안을 망망대해에서 지내는 일이 얼마나 힘든 일일까?
여행에서 만나 인연이 된, 나이 지긋한 지인이
가끔 먼저 안부를 물어 볼 때가 있다.
이런 저런 다양한 이야기를 해 주시는데 늘 마지막에는
"그래 잘 버텨라"라는 말로 마무리를 지으신다.

나는 이 말이 "열심히 해라"라는 말보다
늘 더 위로가 되곤 한다.

같은 비행기를 타고
또 같은 쿠바의 숙소에 머물면서 인연이 된

나보다 두 살 적은 한국인 친구.

행복이란 마주 보며 함께 밥을 먹는 것이라고
말하던 소박한 이 친구가 얼마 전 소식을 전해왔다.
항해사 일을 그만두고 이제는 바다가 아닌
한국에서 땅을 디디며 살고 있다고.

그동안 열심히, 잘 버텼다고 친구의 어깨를 두드려주고 싶다.
앞으로 어떤 일을 하게 될지는 모르지만 또다시 잘 버티라고.

피할 수 없으면 즐겨야 하고
즐길 수 없으면 버티기라고 해야 하고

버틸 수 없으면 다른 길을 찾으면 된다.

길은 많고
우리는 가고 싶은 길을 가면 되며
그 길이 아니면 돌아 나오면 된다.

너무 심각할 필요는 없다.
기회는 또 올 것이며, 우리는 젊으니까.

남과 여

함께 다니는 남자동행이 말했다.
여자가 어렵다고.
구글 번역기처럼
여자의 언어를 번역해서 알려 주는 번역기가 있었으면 좋겠다고.

그래서 내가 말했다.
"단순한 남자가 가끔 복잡해지면 얼마나 헷갈리는 줄 알아?"

여행의 발견

땅만 보며 걸을 때도 있었다.
여행지에서 만난 사람들에게 상처를 받아서
그냥 아무도 마주치고 싶지 않았다.

사진을 한 장도 찍지 않은 적도 많았다.
계속해서 펼쳐지는 절경이 지루해지기 시작했기 때문에.

시간이 지날수록 여행은 익숙해졌다.
처음엔 새로운 여행지에서 온 힘을 다해서 해결해야 했던 일들을
이제는 어느 정도 익숙해져 쉽게 해낼 수도 있었기 때문에.

스펙타클한 영화의 한 장면처럼 모험 넘치던 하루가
성지순례를 하듯 평온함으로 안락해질 때
가끔씩 여행이 시큰둥해지기 시작했다.

여행을 오래하다 보니 그랬다.
그냥 일상을 사는 기분.
내가 무엇을 위해서 여기에 있나 라는 생각에 힘들기도 했다.

그런데
내가 머물렀던 호스텔에 적힌
이 글귀에 마음이 쿵하고 내려앉았다.

팔딱이던, 생기 넘치던, 의욕이 앞서던
과거의 나를 다시 만나게 해 준 글귀.

YOU ONLY LIVE ONCE
YOU LIVE ONLY ONCE

잠시 잊고 있었다.
내가 여행을 하는 이유를……

산책

오늘은
특별한 목적지도 정하지 않고
그냥, 하루 종일 걸었다.

비가 오든, 햇살이 뜨겁든 모자조차 쓰지 않고
매일 산책했다는 음악가, 베토벤.
매일 일정한 시간에 산책을 했다는 독일의 철학자, 칸트.
1주일 동안 무려 80km씩 걸었다는 걷기광, 미국의 전 대통령
케네디.
이들이 왜 그렇게 걷는 것을 사랑했는지 조금은 알 것 같다.

걸으니, 걷다 보니
성난 벌 떼들처럼 사방으로 흩어져있던 생각들이
먹이를 찾아 나서는 개미떼처럼 조신하게 정렬을 한다.

걸으니, 걷다 보니
행복이 발뒤꿈치에 매달려
달랑달랑 방울소리를 내며 따라 다닌다.

걷는 것은 축복이다.

특히, 쿠바를 걷는다는 건.

여행은
나의 또 다른 계절

계절이 변하지 않는 곳에 살면
내 마음도 변하지 않을까?

시가 Cigar

"시가는 고독한 혁명의 길에 가장 훌륭한 동반자다."
평생을 천식으로 고생하면서도 시가를 사랑했던 체게바라.

사랑하는 칵테일 모히또 Mojito를 마시며
늘 다른 한 손에는 쿠바의 시가를 쥐고 있었던
쿠바를 사랑한 미국인, 헤밍웨이.

체게바라와 헤밍웨이가 그토록 사랑했던 시가는
이제는 단순한 기호품이 아니라
전 세계 남자들의 로망이자
문화의 아이콘이 되었다.

세계 최고 수준의 담뱃잎으로
세계 최고 수준의 숙련공들의 손을 거쳐
세계 최고 쿠바의 시가에
애연가들은 뜨거운 찬사를 보낸다.

'쿠바의 진정한 멋은 시가 Cigar'라더니
쿠바의 술집 곳곳에서는
춤과 노래
그리고 시가의 연기가 함께 새어 나온다.

그런 말

나 보고 싶지?
라는 말은
"네가 보고 싶어"라는 말.

내가 어떻게 사는지 안 궁금해?
라는 말은
"네가 어떻게 사는지 궁금해"라는 그런 말.

마음이
동動하다

아주 한가한 날
한적한 도로 갓길에
차를 세우고는
비상등을 켜 놓은 채
김밥을 먹은 적이 있다.

바쁜 일이 있었던 것도 아닌데
그냥 그러고 싶어서…….

가끔은
굳이 그렇게까지 하지 않아도 될 일을
굳이 그렇게까지 해보고 싶은 날이 있다.

쿠바에서도 그랬다.
말레꼰 방파제 위에서
오랫동안 누워
눈을 감고 있었다.

시멘트 바닥이라 등은 아팠고,
강렬한 햇살에 얼굴은 따가웠다.
그리고, 무엇보다 창피했다.

하지만, 그냥 그렇게 하고 싶었다.

나이가 들어 갈수록
마음대로 해도 되는 것들이 점점 줄어드는 것만 같다.

책임감이라는 묵직한 돌덩이가 어깨를 누르고
사람들의 시선을 당차게 외면할 자신도 없다.
남들보다 뒤처질까 봐 조급해서 마음은 바쁘고
이렇게 살아도 되나 하는 두려움에 점점 겁쟁이가 돼 간다.

하루에도 몇 번씩
좌절과 노력, 인내와 포기, 희망과 한숨의 경계를 넘나들며
이곳에 발을 뺐다, 저곳에 발을 담갔다
갈팡질팡 할 때마다

이런 생각이 든다.

내 맘대로 안 되는 것들 투성이인 이 세상에서
내 맘대로 되는 것들은 그냥 내키는 대로 하자.

그냥 마음이 동動하는 대로.

여행의 기술

헝클어진 머리칼을 한 멋진 남자가 길게 늘어진 방파제를 걸어간다.
길고 긴 그의 손가락은 카메라를 쥐고 대서양 바다를 담고 있다.
파도가 부서지는 말레꼰을 걸어가는 남자는 소간지로 유명한
영화배우, 소지섭.

소지섭의 카메라 CF 배경지로 화제를 모은 곳이 바로 쿠바의
심장이라 불리는 방파제, 말레꼰이다. 또 얼마 전에는 우리나라
자동차 CF에서도 말레꼰이 등장했다. 힘차게 뛰어가던 젊은 청년의
역동적인 움직임을 말레꼰의 파도는 거들 뿐.
CF에서 보여지는 말레꼰의 파도는 그야말로 예술이다. 멋지다는
말이 부족할 만큼. 반면 잔잔한 말레꼰도 매력적이다. 파도조차
숨죽인 말레꼰은 평화롭고 고요하다.

말레꼰의 매력을 열거하자면 8km라는 어마어마하게 긴 이곳의
길이만큼 끝이 없다. 그래서 나는 특별한 일정이 없거나,
딱히 하고 싶은 일이 없을 때면 말레꼰 방파제를 걷는다.
이곳에서는 딱히 전화 올 때도 없고 물론 내가 전화를 걸 곳도 딱히
없다. 와이파이도 잘 되지 않으니 웹서핑에 정신을 팔 일도 없다.
그래서 나는 한손에 시계를 차고 온전히 나에게 집중하며 말레꼰을

걷는 이 시간을 즐긴다. 게다가 말레꼰 방파제가 대서양의
넘실거리는 파도로부터 도시를 보호하기 위해 만들어졌기
때문일까? 가끔씩 이곳을 걸을 때마다 이런 느낌이 든다.
누군가로부터 보호 받고 있는 듯한 든든함.

그런데 오늘은 누가 녹음기라도 켜둔 것 같다.
같은 말이 끊임없이 반복적으로 들려온다.
잠깐의 틈을 느낄 새도 없다.

"치나?(중국인), 택시?, 린다!(예뻐)."

오늘은 조용히 걷고 싶었는데, 생각을 정리하며 산책하고
싶었는데……
조금씩 짜증이 올라오려던 찰라 '괜찮아'라는 생각도 함께 올라온다.
그 누구도 나에게 이곳에 오라고 강요하지 않았고, 이곳은 내가
좋아서 온 곳이다. 즐기지 못하고 인상을 찌푸리면 나만 손해라는
생각이 들었다.
내 나름대로 전략을 세웠다.

지치면 대답하지 않기. 지치기 전까지는 웃으며 대답하기.

"올라?(안녕)라고 말하면 올라!(안녕)라고 답하고
치나?(중국인)라고 물으면 코레아나!(한국인)라고 답하고
린다(예뻐)"라고 말하면 가볍게 웃고
느끼한 키스를 보내 올 때는 무표정하게 스쳐버리면 된다.
"레스토랑? 노비오?(남자친구) 택시?"라고 할 때는
노 그라시아스!(괜찮아요) 대답하면 된다.
참 간단하다.
지치거나 힘들면 대답하지 않으면 그만.
전혀 찡그릴 이유는 없다.

208 여행은 그곳에서 내가 기대했던 것을 경험하는 것이 아니라
그곳의 일상은 사는 것.
여행의 기술이 뭐 별건가?
그냥 그곳을 인정하고 즐기면 되지.

화내면
나만 손해.
여행지에서도 일상에서도.

지극히
주관적인

쿠바의 수도, 아바나에서 만난 한 여행자는
동쪽 끝 도시, '바라코아'가
자신에게는 최고의 여행지라고 했다.
그 이유가 제법 설득력이 있다.
바라코아는 다른 쿠바의 도시들에 비해
딱히 특별한 그 무엇이 없다고 느꼈는데
생각해보니 특별함이 없는 것이
그에게는 그 도시가 더 특별하게 느껴진다고 했다.

유네스코가 지정한 세계문화유산의 도시,
트리니다드 숙소에서 만난 한 여행자가 꼽은 최고의 여행지도
재밌다.
그는 다름 아닌 지금 머물고 있는 숙소,
'아니따와 차메로의 까사'가 최고의 쿠바 여행지란다.
요리 솜씨가 좋은 여주인, 아니따의 음식을 먹는 것도 행복하고
남자주인, 차메로가 만들어주는 모히또를 맛보는 것은 감동 그
자체라고.

지금은 케나다에 살고 있다며 자신을 소개한 일본인 청년은
쿠바에서 가장 기억에 남는 여행지에 대해 묻자
곰곰이 생각하더니 '쿠바의 모든 곳'이라는 대답은 내놓았다.
쿠바를 여행하며 단 한 번도 지루하다는 생각이 든 적이 없었다고.
그래서 매력 덩어리인 쿠바에서 딱 한곳을 꼽기 힘들단다.

사람들은, 여행자들에게 질문을 한다.
'여행한 곳 중에 어떤 곳이 가장 좋았어요?'
이것은 풀어 말하면
"어디가 가장 좋았어? 나는 너의 '생각'을 듣고 싶어"라는 말이다.

좋아하는 여행지는 사람마다 다 다를 수밖에 없다.
그래서 나는 여행 이야기가 늘 재밌다.
지극히 주관적이라서.

그냥 느낌인거다.
'내가 그 사람을 왜 좋아하는지'에 대한 이유를
아무리 열심히 열거해도
때로는 내 주위 사람들을 설득시키지 못하는 것처럼.
그냥, 지극히 주관적인 나의 느낌.

38.5

간밤에 켜 놓고 잔
에어컨이 뿜어낸 차가운 바람 때문인지
바라코아의 태양의 뜨거움이 내 몸속으로 다 스며든 건지
몸속에서 타닥타닥 불꽃이 피어오른다.

펄펄 끓고 있는 내 몸이 나를 바라코아에 묶어 둔다.

이 도시에서
충분하다고 느낄 만큼 머물렀는데
생각지도 못했던 열감이 내 발목을 잡는다.

어쩔 수 없다.
오래전부터 거기에 있었을법한 낡은 바라코아의 야구장처럼
빛바랜 마음으로 이곳에 있을 수밖에.

'결심'이 나를 이곳에 더 머무르게 하는 것이 아니라
'상황'이 나를 이곳에 더 잡아두는 듯한 갑갑함.
맥이 탁 풀린다.

이럴 때는 기다리면 된다.
그냥 시간이 흘러가기를.

한 사람을 여행 하는 것.
그것보다 멋진 여행은 없다.

바람샤워

세상의 모든 바람이
다 말레꼰에서 만나기라도 한 듯
바람과 바람이 만나 춤을 추며
그들의 몸을 감싼다.

말레꼰,
그들의 고된 하루의 피곤함을
바람으로 씻어 내는 곳.

뜨거운 여름날, 뜬금없이
크리스마스 캐롤이 듣고 싶은 것처럼
갑자기 네가 너무 그리워.

마법의 부적

"모히또 가서 몰디브 한 잔 해야지."

영화 '내부자들'은 안 봤어도 한번쯤 들어는 봤던 명대사.
말의 앞뒤는 뒤엉켰지만
어쨌거나 영화배우 이병헌이 먹고 싶어 했던 '모히또.'
몰디브에서도 많이 먹고 즐기긴 하지만
굳이 원조를 따지자면 모히또의 원조는 쿠바다.
모히또의 발생지는 쿠바라는 얘기.

모히또는
해적의 술로 알려진 '럼'에
라임이나 레몬, 탄산수를 넣어 만들기도 하고
럼에 라임주스 또는 레몬주스를 섞어 간단하게도 만들 수 있다.
레시피야 어찌됐든 뭐니뭐니해도 모히또의 화룡점정은
상큼함을 더해주는 초록색 민트잎!

쿠바에서 커피만큼
흔하디 흔한 것이 모히또라지만

모히또의 이름이
'마법의 부적'이라는 뜻을 가진 스페인어
'mojo'에서 이름이 유래 됐다니
술은 잘 마시지 못해도 자꾸자꾸 눈길이 간다.
마치 모히또를 마시면 마법이 일어 날 것만 같아서.

어쩌면

카리브해의 진주, 쿠바에서
카리브해의 자유로움과 시원함이 느껴지는 모히또를
헤밍웨이가 사랑해마지 않았다는 모히또를
맛보는 것만으로도 내 인생에서 마법같은 일이리라!

언젠가 또다시
모히또에 가서 쿠바 한 잔 할 수 있기를!
또다시 마법이 일어나기를!

네 마음이
들리니?

쿠바에 오니 또 스페인어가 배우고 싶어졌다.

여기에 오기 전까지는 스페인어보다 살사를 배우고 싶었는데

말이다.

고민하고 고민해도

어떤 선택이 더 지혜로운지

나에게 더 도움이 되는 것이 무엇인지,

지금 필요한 것이 무엇인지

도무지 결정 할 수가 없어서 언니에게 문자를 보냈다.

[아바나 대학교 어학당에서 공부 할까? 학비도 저렴하고 생활비도

적게 들고…….]

라며 고민에 고민을 곱하고 더해 나름 진지하게 물어 봤는데 답

문자가 왔다. 그것도 아주 간단하게.

[너 하고 싶은 대로 해.]

모레노 빙하처럼 거대한 빙하가 쩍 갈라지듯 마음이 갈라졌다.

너무 서운했다.

"너 하고 싶은 대로 해"라니 이것이 타지에서 고민하고 있는

동생에게 할 말이던가?
나의 섭섭함이 지구 반대편으로까지 전해졌을까?
언니로부터 폭풍 문자가 왔다.

[요즘 스타강사 김미경 강의를 유튜브로 듣고 있는데 꿈은 물어보는
게 아니래. 전화기 잡고. 톡으로. 또 돈 싸들고 점집으로 가서 묻지
말고 며칠을 매일 새벽 4시에 일어나 조용히 자기한테 묻는 거래.
너, 다른 사람이 시키는 대로 할 거 아니잖아. 먼저 네가 결정하고
가족들의 생각은 어때? 라며 물어보는 게 좋지 않을까?
결정은 스스로 해야 한대. 그래야 원망도 없고 후회도 없는 거래.
공감 가는 이야기라 네가 알아서 하라고 한 거야. 섭섭했어?]

그래, 이거다.
그동안 나는 중대한 결정을 해야 하는 순간마다
나에게 먼저 묻지 않고 다른 사람들의 생각에 의지하려고만 했었다.
다른 사람들의 조언이 내 마음에 들지 않으면 답답하고 짜증만
냈으면서.
내 일인데. 내 인생인데. 내 생각이 가장 중요한 거였는데.

사람들의 생각을 먼저 묻고 그 생각들을 조합하고 더하고 뺐으니
당연히 머리는 아프고 갈팡질팡 길을 잃을 수밖에.

노트를 꺼내 내 마음을 적어내려가기 시작했다.
정말 내가 하고 싶은 일이 무엇인지를.
다른 사람들의 조언을 듣느라 귀 기울지 못했던
나의 진짜 생각들이 졸졸졸 쉼 없이 흘러나왔다.

'내가 지금 해야 하는 일'과 '내가 지금 하고 싶은 일'을 적어
내려갔다.
번호를 매기고 순서를 정하는데 마음이 나에게 말을 건넨다.
"너보다 널 잘 아는 사람은 없어. 이제야, 네 마음이 들리니? "

Simple

탁자에 오른손으로 턱을 괴고
곧 세상이 무너질 듯한 표정을 지으며
아마 이런 말을 했던 것 같다.
"나는 해야 할 일도 많고, 하고 싶은 일도 너무 많아."

아바나 골목에서 만나 친구가 된
네일숍에서 일하는 쿠바 아가씨 가브리엘라.
그녀는 꽤 진지한 표정으로 나를 쳐다보며 이런 말을 했던 것 같다.

"너는 네가 원하는 것을 다 할 수 있어.
다만 '언제' 하느냐가 중요한 거잖아.
더 중요하다고 생각되는 것을 생각해봐.
가장 앞에 두고 쭉 한 번 정리해봐.
그리고 시작해. 쉽지?"

아, 이렇게 간단하다니!!

쿠바로 가면
모든 것이 심플해진다!

시간

모든 것이 그대로다.

아무런 움직임도 없고
소리도 들리지 않는 작은 방

세상이 정지한 것만 같다.

아무 생각 없이 클렌징폼을
칫솔에다 쭈욱 짜놓고선
아, 라는 작은 소리를 내 뱉으며
또 아무렇지 않게 물로 깨끗이 씻어낸다.

나의 짧은 탄식만이 가득 찬 이 공간.
그리고 고요함.
마치 시간이 정지한 것만 같다.

그런데
열리지 않는 커다란 창문으로 들어오는

아침 햇살이 점점 두터워지고, 방은 점점 환해진다.

식탁 위
어제 사 두었던 연두색 바나나는 노랗게 변해있다.

온 세상이 정지한 것만 같았는데
지금 이 시각에도
시간은 아주 조용히 흐르고 있다.

이제는 무엇을 해야 할까?

사막에 펭귄이 살고
　　북극에 선인장이 자라는
상상을 하는 것.

　　　　　　그것이 여행.

여행은
나를
더 나은
사람으로
만들어주는

또 하나의 예술.

여행을 하다 보면 알게 된다.
나의 가장 멋진 친구는 바로 나 자신이라는 것을.

당신이 생각하는 행복은
무엇인가요?

두 달 동안의 쿠바 여행을 하며
많은 현지인들에게 이런 질문을 했다.
"네가 생각하는 행복은 뭐야?"

244   쿠바인들은 마치 약속이라도 한 듯 질문에 같은 대답을 했다.

"가족, 사랑, 지금 이 순간."

245